노는 것부터 가르치는 이상한 나라

노는 것부터 가르치는 이상한 나라

북유럽에 꽂힌 여행사 대표가 쓴 핀란드 교육 이야기

윤성희 글 · 고경일 그림

고두미

책머리에

다양한 꽃이 어우러진 꽃밭을 생각하며

핀란드를 처음 방문했던 때가 2012년 봄이었다. 어렴풋하게나마 내가 알고 있던 핀란드라는 나라는 복지가 잘 되어 있고 PISA(학업성취도 국제 비교평가)에서 좋은 성적을 내서 세계 여러 나라들로부터 부러움을 사고 있는 나라 정도였다.

그런데 막상 핀란드를 방문하여 그 나라를 구석구석 돌아보면서, 그리고 많은 사람들을 만나면서 교육과 정치 그리고 국민들의 의식은 따로 떨어져 있지 않구나 하는 생각을 하게 되었다.

막연하게나마 나도 민주주의자라고 여기면서 살았는데 핀란드 사람들과 이야기를 나누면서 내가 생각하는 민주주의의 수준은 한없이 낮다는 느낌을 지울 수가 없었다.

나는 한국교원대학교 종합교육연수원의 교장자격 해외연수의 일환으로 핀란드의 학교들을 방문하게 되었고, 자연스럽게 교육과 관련하여 많은 것을 보고 들을 수가 있었다. 어찌 보면 여행사를 하면서 핀란드, 스웨덴, 노르웨이 등 북유럽을 다른 사람들보다 많이 방문할 수 있었던 것은 나에게는 엄청난 행운이라고 생각한다.

내가 비록 교육학을 전공하거나 교육에 대해 전문적인 공부를 한 적은 없지만 현지 학교를 많이 방문하고 구성원들과 대화를 하면서 내가 한국에서 배우지 못한 여러 가지 것들을 듣고 배우게 되었다.

거기에서 듣고 느낀 내용들을 우리나라에도 알릴 수 있는 방법을 고민하던 중 기자로 일하는 친구 이재표의 권유로 태어나서 처음으로 책이란 것을 쓰게 되었다.

여행사를 운영하는 사람이 핀란드 교육에 대해서 글을 쓴다는 것은 어찌 보면 우리나라에 있는 많은 교육 관련자들과 전문가들에게는 실례일 수 있겠지만 핀란드를 여러 번 방문하면서 느낀 일반사람의 시각임을 이해해 주기를 바란다.

이 책을 읽는 독자들에게 몇 가지를 부탁한다.

하나는 앞에서도 언급했듯이 내가 교육학에 대해서는 문외한이다 보니 학술적으로는 맞지 않는 언급이나 부족한 것이 있을 수 있을 것이다. 그러한 내용들은 많이 지적하고 충고해 주기 바란다.

아울러 나는 이 책을 쓸 때 핀란드 교실의 구체적인 상황들을 보면서 그들이 추구하는 가치를 우리 교육현장에 구현할 수 있는 방법이 없을까 하는 고민으로 이 책을 쓰게 되었다.

예를 들면 교실에 보조교사를 배치한다든가 초등학교 졸업 때까지 담임이 바뀌지 않는 것은 아이들이 학교에 제대로 적응하게 하기 위한 깊은 배려다. 이러한 것들을 한국의 교육현장에 어떻게 적용할 수 있을 것인가를 함께 고민해 나간다면 고마울 뿐이다.

그리고 핀란드 교육이 적게 배우면서 성공할 수 있었던 여러 가지 요소들을 내 나름대로 생각해 보고 분석해 보았다. 핀란드를 소개한 다른 책에서는 크게 언급하지 않은 것으로 알고 있지만 나는 핀란드 아이들의 여름방학 오두막 생활과 가족여행을 중요하게 생각해 보았다.

아래 네 가지도 함께 고민해 보고 싶다.

첫째, 아이들을 행복하게 키우고자 하는 핀란드 교육관계자들을 보면서 우리나라 교육도 이러한 내용들을 제도적·구조적으로 만들어 나갔으면 좋겠다고 생각했다.

둘째, 삶의 가치와 목적을 통찰하게 만드는 철학이 무엇보다도 필요하다고 생각하게 됐다.

셋째, 모든 아이들을 책임지겠다는 고민 속에서 만들어진 특수교육개혁은 우리나라의 교육담당자들도 깊이 고민해 보았으면 한다.

넷째, 21세기는 4차 산업혁명의 시대라고 이야기하면서 실생활에 바탕을 둔 창의성 발달과 문제 해결 능력 개발을 통해 통합적 리더로 아이들을 교육하고 있었다. 우리는 언제까지 국·영·수 중심으로 시험만 잘 보는 교육만 고집할 것인가?

특히 2017년 5월 핀란드를 방문하였을 때 핀란드도 새로운 교육

과정을 모색하고 있었다. 여러 경로를 통해 듣고 그 내용에 대해서도 간략히 소개했다. 그 내용은 교육 발전을 바라는 우리에게 고민거리를 던질 것이다.

핀란드 교육을 소개하면서 대한민국 사람들에게 하고 싶은 이야기는 "모든 아이들은 자기만이 가질 수 있는 자기만의 능력을 가지고 태어난다."는 것이다. 모두가 가지고 태어난 능력들을 찾아내고 길러주는 것이 교육이라고 생각한다. 바로 모든 사람은 소중한 의미와 가치를 가지고 태어났다는 것이다. 아이들을 제대로 교육시킨다면 우리는 여러 종류의 꽃들이 넘실거리며 다양한 향기를 뿜어내는 아름다운 꽃밭을 감상할 수 있을 것이다. 이에 반해 그동안의 교육 방식과 잣대로 우수한 학생들만을 위한 교육을 진행한다면 장미꽃과 장미향 만을 피우는 그러한 꽃밭 만을 감상할 수 있을 것이다.

핀란드 국가교육위원회 크리스티나 발모리 대외협력국장은 핀란드 교육의 성공한 정책으로 교육의 공평성과 교사의 전문성, 교육과 노동시장의 결합, 성 평등교육 등을 꼽았다.

우리 교육관계자들도 다 알고 있는 내용이라고 생각한다. 그런데 아직 우리 교육에는 현실화되지 못한 측면이 있다는 생각이다.

핀란드의 아이들은 적게 공부하였지만 자기주도로 공부하였으며 어떻게 자기의 삶을 가꾸어 나갈 것인가를 고민하고 개척해 나가는 것을 볼 수 있었다.

핀란드 학교를 방문했을 때 학교 건물과 교실까지도 교육재료로 활용하려고 한 모습에서 교육개혁의 성공한 모델을 보았다고 생각했다.

아무쪼록 많이 부족한 책이지만 그래도 교육의 미래에 대해 고민하거나 적어도 아이들 교육에 대해 고민하는 사람들에게 작은 도움이 되기를 기대해 본다.

이 책을 쓰면서 많은 도움을 준 친구 이재표에게 감사의 마음을 전한다. 아마도 이재표라는 친구가 없었으면 이 책은 세상에 나오지 못했을 것이다. 또한 핀란드는 여러 번 다녀왔지만 교육 부문에서는 여러모로 부족한 나에게 핀란드 교육에 대해 조언해 주시고 추천사까지 흔쾌히 써주신 교원대학교 정책대학원 장수명 교수께도 감사의 마음을 전한다.

볼품없는 글에 멋진 삽화를 그려준 상명대학교 고경일 교수에게는 뭐라 표현할 수 없을 만큼 고맙기 그지없다.

이 책을 읽는 분들께는 많은 비판을 부탁드린다. 그리고 그 비판이 우리 교육에 대한 좀 더 구체화된 대안으로 발전하고 이러한 과정을 통해 우리 교육 발전에 작은 도움이 되기를 희망한다.

2017년 가을 문턱에서

윤성희

추천사

북녘의 빛이 주는 영감

2013년 늦은 안식년을 맞아 나는 헬싱키 대학 인간행동연구소에서 객원연구원(visiting scholar)으로 1년을 보냈다. 이때는 핀란드가 OECD 국가 중에서 비아시아 국가로 이례적으로 PISA 성적으로 세계적인 주목을 받은 후였다.

헬싱키에 도착해서 느낀 북구의 겨울은 길고 암울했다. 아침 9시 넘어 떠오르는 해는 남서쪽에서 떠오르다가 오후 3시가 되면 어둠 속에 북서쪽을 향해 주저앉는다. 파랗고 산뜻한 겨울 하늘은 좀처럼 얼굴을 보여주지 않고 검은 구름만 휘몰고 다닌다. 눈이 나리면 사람들은 하얀 색 때문에 빛이 왔다고 좋아하는 정도다. 같은 북구국가인 노르웨이 화가 뭉크의 그림처럼 우울한 형상을 가진 북유럽 사람들이 어떻게 세계가 부러워하는 대상이 되었을까? 어떻게 이 사람들은 이 열악한 자연 환경에도 불구하고 그토록 아름답고 행복한 나라들을 만들게 되었을까?

여기 그 이유를 찾을 귀한 책 하나가 청주지역에서 발간되었다. 챌

린저투어 윤성희 대표가 쓴 『노는 것부터 가르치는 이상한 나라』다. 여행 안내자로서 핀란드 교육에 관심을 가진 교육자들에게 핀란드 학교의 현장 방문을 안내했던 그는 이제 그의 말처럼 핀란드에 꽂힌 사람이 되었다. 학교 방문을 하면서 관찰자로 학교와 아이들, 그리고 교육현장을 직접 보던 그에게 그들의 교육은 신기했고 독특했다. 그는 자신이 핀란드 교육자들에게 듣고 자신이 직접 보게 된 것들을 한 사례, 한 사례 기록하고 모아갔다. 놀이부터 가르치는 것, 어린이들을 강추위에도 밖으로 내보내 놀게 하는 것, 아이가 졸면 학교가 부모에게 책임을 따지는 것, 행정업무를 보는 사람이 많지 않아도 바쁘지 않는 학교, 자신들의 전통인 목공, 바느질, 뜨개질을 남녀 구분 없이 모두가 배우는 학교 등 이 조그마한 사례들은 우리에게 신선하고 놀라운 영감을 준다.

오로라를 북구의 빛이라고 한다. 사회과학자들은 북유럽이 인류에게 보여준 새로운 사회의 전망, 복지국가의 비전을 이 아름다운 빛의 현상에 비유하여 Northern Light이라고 한다. 핀란드, 노르웨이, 스웨덴, 그리고 덴마크와 같은 북유럽 국가들은 역경 속에서도 협력과 연대로 꿈과 희망, 새 가능성의 빛을 인류에게 비추고 새 길을 열어 주었다. 경제학자인 나는 국민들이 잘살고 행복한 것에 관심이 많다. 불평등과 불확실의 시대, 나름의 긴 고민과 탐구 끝에 저성장과 반환경 시대에 내가 믿음을 가지게 된 유일한 희망의 가설은 '민주주의를 통한 발전'이다. 윤 대표가 핀란드 학생들과 대화하는 과정에서 학생들은 벌써 이 주장을 하고 있다. 그 놀라운 말을 소개한다.

> "핀란드가 오늘처럼 이렇게 잘 살 수 있는 것은 모든 국민이 함께 민주주의를 발전시켜왔기 때문" 또 "이러한 민주주의는 모든 국민이 함께 지켜가야 한다."

읽기 쉽게 쓴 글, 편한 마음으로 북녘의 빛이 주는 교육적 영감을 맛보시기 바란다.

장수명
한국교원대학교 정책전문대학원 교수, 전 헬싱키대학 객원연구원

노는 것부터 가르치는 이상한 나라

차례

제1장 노는 것부터 가르치는 이상한 나라

제2장 모든 교육은 철학에서 출발한다

제3장 인간 존엄과 생명존중, 세상이 다 학교다

제4장 방법론에도 그들의 철학이 있다

제5장 핀란드, 멀고도 가까운 나라

화보 | 핀란드 학교와 주요 유적지

제1장

노는 것부터 가르치는 이상한 나라

만 **6세 미만**은
가르치는 게 **금지**된 나라

핀란드를 처음 방문한 것은 2012년 5월 초였다. 핀란드의 5월은 우리나라의 3월 말 4월 초와 비슷한 느낌이 든다. 산과 들의 나무와 풀에 새싹이 돋는 계절이다. 하늘 관문인 헬싱키 반타국제공항에 착륙을 하면서 첫눈에 들어온 넓은 들은 마치 연두색 물감을 풀어놓은 듯한 모습이다. 그리고 연두색 물감들 중간 중간에는 약간은 검은 빛을 머금은 물빛을 품은 호수들이 군데군데 보석처럼 박혀있는 모습을 볼 수 있다. 수종은 대부분 자작나무와 가문비나무 소나무로 구성되어 있다.

헬싱키 사람들이 봄이면 즐겨 찾는 곳 중의 하나가 바로 핀란드 민족의 대서사시인 〈핀란드 교향곡〉을 작곡한 시벨리우스를 기념하기 위해 만든 시벨리우스 공원이다. 5월이 되면 시벨리우스 공원의 자작나무와 진달래과의 키 작은 관목, 잔디를 비롯한 풀들도 연두색 물감을 뿌린듯하게 새싹들이 돋기 시작한다.

처음 마주친 핀란드 아이들의 모습은 핀란드의 5월만큼이나 맑고 밝았다. 함께 간 일행들도 이구동성으로 "여기 아이들은 정말 티끌 하나 없어 보인다."고 말할 정도였다.

그런데 이러한 핀란드의 아이들이 2000년대 초 실시한 PISA(학업성취도 국제비교평가)에서 2000, 2003, 2006년 3회 연속 1위를 하면서 세계 많은 나라 사람들의 부러움과 관심의 대상이 되었다.

핀란드는 이제 세계 여러 나라로부터 교육 경쟁력이 강한 나라로 주목을 받기 시작했으며 우리나라에서도 교육계의 많은 기관과 단체, 많은 선생님들이 관심을 가지고 방문해 그들의 경쟁력이 무엇인지 배우려고 노력하는 나라가 되었다.

그런데 정작 핀란드에 방문해서 처음 느낀 것은 '핀란드의 아이들은 도대체 언제 공부를 할까?' 라는 물음이었다. 그도 그럴 것이 우리가 핀란드에 도착한 날이 2012년 4월 29일 일요일이었는데 5월 1일이 휴일인 노동절이기 때문에 월요일인 4월 30일에도 학교에 가지 않는다고 했다. 핀란드는 흔히 우리가 '샌드위치데이' 라고 부르는 휴일과 휴일 사이의 평일은 자동으로 휴일이 된다고 한다.

핀란드의 초등학교 수업은 오전 여덟 시에 시작하여 저학년(1~2학년)은 열한 시에 점심식사를 마치면 열두 시 정도에 수업이 끝나고, 고학년(3~6학년)은 두 시면 수업이 끝난다. 이렇게 수업을 마치고 나면 대부분의 시간은 친구들과 학교 또는 청소년센터 등의 장소에서 노는 시간이다.

우리나라에서는 상상도 할 수 없는 상황이 핀란드에서 벌어지고 있었다. 그럼에도 불구하고 핀란드는 어떻게 세계 1위의 교육경쟁력을 가지게 되었을까? 특히 현대교육에서 가장 중요하게 여기는 창의력지수에서는 스웨덴, 덴마크와 함께 1위를 경쟁하고 있는 나라가 핀란드이고 보니 그 원인이 궁금하지 않을 수 없었다. 교육에 대해 전문가는 아니지만 아이들을 키우며 교육에 조금씩 관심을 가지던 터라 호기심이 고개를 들었다. 그래서 그 원인이 무엇인지 유심히 들여다보게 되었다.

그해 10월, 유치원 원장 자격연수 대상자들과 핀란드의 유치원을 방문하게 되었다. 비록 주관적인 판단일지도 모르지만 나는 그곳에서 해답의 일부를 찾을 수 있었다. 핀란드의 유치원 원장들에게 몇 가지 질문을 던진 적이 있었다.

그 질문 중 하나가 핀란드 유치원의 수업 내용과 수업 시간에 대한 질문이었다. 이 질문에 대해 현지 유치원 교사의 답변을 소개하기 전에 핀란드의 유치원에 대해 설명하고자 한다.

핀란드의 유치원은 대부분이 초등학교 병설유치원이다. 소수의 독립적인 사립유치원이 존재하지만 대부분은 지방자치단체에서 운영을 지원하는 병설유치원이다.

이 부분이 스웨덴 등 다른 북유럽국가들과 약간의 차이라면 차이일 수 있다. 다른 북유럽국가의 경우 병설유치원도 많이 있지만 오랜 역사적 전통을 가진 사립유치원도 많이 있기 때문이다. 스웨덴과

덴마크의 경우 오랜 역사를 가졌을 뿐 아니라 역사 속에서 강한 군사력을 바탕으로 다른 나라들을 지배한 역사가 있다. 교육 제도나 교육 내용도 자기 나라의 역사와 함께 발전해 왔다. 이에 반해 핀란드는 독립한 지 얼마 되지 않은 나라다. 교육 제도나 교육 내용, 교육 시스템이 대부분 독립 이후에 틀을 갖추고 발전해 온 것이다.

또한 우리나라의 경우 어린이집과 유치원이 병렬적으로 존재하여서 어떤 사람들은 아이들을 유치원에 보내기도 하고 어떤 사람들은 아이들을 어린이집에 보내기도 한다. 그리고 어린이집과 유치원의 역할이 분명히 구별되어 있지 않아서 어린이집에서도 아이들에게 수업을 진행하고 유치원에서도 수업을 진행한다.

이에 반해 핀란드의 경우 데이케어센터라는 곳이 있는데 이 데이케어센터에서는 아이들을 돌보는 기능 즉 보육이 주요 업무다. 따라서 데이케어센터는 따로 교육을 위한 수업이나 교육시간이 없고 돌봄만 수행한다는 차이점을 가지고 있다.

핀란드에서 본격적인 교육은 유치원에서 시작된다. 이것은 이웃나라 스웨덴과도 약간 차이가 있는데 스웨덴의 법은 만 6세 이전의 아이들도 교육의 대상으로 규정하지만 핀란드는 철저하게 만 6세 이상 아이들을 교육의 대상으로 규정하고 있다.

0세에서 6세까지는 예비교육기간으로 교육보다는 보육에 중점을 두고 있다. 특히 0세에서 3세까지는 다른 많은 나라들과 비교할 때 예비교육(보육)과정의 참여율이 높지 않은 특징이 있다. 4세 이상부터는 다른 나라의 평균 참여율보다 높게 나타난다. 이는 어린 아이들은 엄마가 돌보아야 한다는 핀란드 사회의 문화적 전통에서 비롯된 것으로 느껴진다.

현재 이 문제는 끊임없이 논쟁의 대상이 되기도 한단다. 보수당, 중앙당, 기독당은 여전히 0세에서 3세까지의 어린아이들을 가정에서 돌보아야 한다고 주장하는 반면 좌파 정당들과 교육 담당자들은 어린아이들을 조금이라도 일찍 예비교육 부분에 편입시켜야 한다고 주장한다는 것이다.

한파와 폭설?
그러면 단단히 **입고 놀아라!**

유치원과 학교의 시작이 8월 말이기 때문에 우리가 유치원을 방문한 때는 개학 후 얼마 되지 않은 시기였다. 유치원장은 "유치원에 온 아이들에게 제일 먼저 놀이를 가르친다."고 했다. 그것도 "아이들이 함께 어울려 놀 수 있는 놀이를 가르친다."고 했다. "그밖에 주요 수업이 있다면 잠자기, 유치원 선생님의 책 읽어주기, 음악 감상, 미술 감상이 전부"라고 덧붙였다.

이 놀이의 원칙은 한겨울에 폭설이 와도 예외는 아니었다. 눈이 하얗게 쌓이면 아이들은 보온과 방수가 되는 두꺼운 옷을 입고 장갑을 끼고는 밖에서 더 열심히 논다. 눈사람을 만들고 눈싸움도 하면서 눈에 뒹굴며 논다. 눈이 워낙 많이 오는 북구이다 보니 유치원시기에는 눈싸움이나 눈사람을 만드는 놀이를 하고 초등학교에 가면 스케이트, 평지스키, 그리고 고학년이 되면 아이스하키를 즐긴다. 여름에 축구장이나 다른 운동을 하던 운동장들은 겨울이 되면 대부분 아이스하키장으로 변해 있는 것을 볼 수 있다.

이렇게 밖에서 놀다 보면 아이들의 얼굴이 추위로 인해 발그레하게 변하기 마련이지만 선생님들은 그것에 아랑곳하지 않고 마음껏 놀게 하는 것이다. 우리가 생각하기에 추운 날씨에 감기에 걸리지나 않을까 걱정을 할 법도 한데 핀란드의 학교는 야외에서 놀이를 한다. 아마도 우리나라의 어린이집에서 이런 상황이 벌어진다면 아동학대 운운하며 신문이나 방송의 뉴스를 장식할 수도 있을 것이다.

유치원장의 이야기를 들으며 나는 핀란드 교육경쟁력의 단초를 엿볼 수 있었다. 모든 사람들이 세상을 살면서 가장 중요하게 생각하는 것은 바로 삶을 재미있고 즐겁고 행복하게 영위하는 것이다.

핀란드 교육관계자들은 이것을 일찍이 알고 교육에 도입하였구나 하는 생각을 하게 되었다.

핀란드 유치원에서는 글자와 숫자를 가르치지 않는다. 이렇게 이야기 하면 '설마 정말 하나도 안 가르칠까?' 하고 묻겠지만 실제로 수업을 통해 가르치지는 않는다. 예를 들면 놀이를 통해 단어를 익히게 되더라도 받아쓰기를 한다든지, 교육의 이행 정도를 점검하지는 않는다.

핀란드 교육부가 제시하는 유치원 교육과정의 목표를 소개하면 "유치원 교육과정은 다양한 과목을 일일이 명시하지 않으며 통합교육에 기반을 두고 있다. 통합교육은 한편으로는 아이들의 생활영역과 관련된 주제로, 다른 한편으로는 아이들의 세계관을 확장하고 분석하는 내용으로 구성한다. 시야를 넓혀가고 냉정하게 세상을 보는 눈을 갖게 한다.

다양한 지식분야가 계획과 실행과정에서 고려됐고, 각 시기마다 선택한 주제를 검토했다. 다양한 수준별 협력교육을 통해 아이들은 발전하고 세상을 보는 눈을 갖게 되고 그들 스스로 학습자로서 자신에 대해 배우게 될 것이다."라는 것이다.

어찌 보면 꽤나 어렵게 들릴 수도 있지만 유치원 교육은 아이들에게 학교생활(앞에서도 언급했듯 핀란드유치원은 대부분 초등학교 병설유치원)에 쉽게 적응할 수 있도록 돕는 것, 즉 친구들과 함께 재

미있게 놀면서 즐겁게 생활하는 것을 가장 중요하게 생각한다. 스스로 재미있는 것을 찾는 것이 유치원 교육과정의 핵심이라는 것이다.

핀란드에 다녀온 후 핀란드 교육에 대해 나름대로 생각해 보았다. 결국은 교육철학의 문제다. 교육이란 사람이 사람답게 사는 방법을 배워나가는 것인데, 그 첫 번째 목표는 바로 내가 행복하게 살아가는 것이 되어야 한다는 것이다.

그런데 핀란드, 스웨덴, 덴마크, 노르웨이 등 북유럽의 환경은 사람이 행복하게 살아간다는 문제를 좀 더 절실한 문제로 받아들이고 고민해 온듯하다. 그 바탕에는 북유럽국가들이 가지고 있는 환경적 요인이 작용한 것으로 보인다.

여름이면 하루 종일 환한 햇볕을 쬐며 환한 기분을 유지할 수 있지만 10월 또는 11월부터 시작되는 겨울이 되면 하루 중 네댓 시간 이외에는 캄캄한 어둠의 세상에서 살아가는 사람들이 바로 북유럽 사람들이다. 그렇기 때문에 그들은 다른 어느 나라보다 행복하고 즐겁게 삶의 순간순간을 만들어 나가는 것이 절실했을 것이다. 이는 공동체를 지켜나가고 국가를 영위하고 발전시켜 나가는 데 무엇보다도 중요하게 작용할 수 있는 부분이다.

핀란드의 겨울을 겪어본 사람이라면 왜 그토록 핀란드 사람들이 삶에서 행복과 놀이를 중시하는지 어느 정도 이해할 수 있을 것이다. 핀란드의 환경적 요인이기도 한 사회적 불안요소 중의 첫 번째가 바로 국민들의 우울증과 자살률, 그리고 음주량을 들 수 있다. 지금은 우리나라가 랭킹 1위를 빼앗았지만 몇 년 전 까지만 해도 국민 자살률 부동의 1위를 다툰 나라는 핀란드와 스웨덴이었다.

그 이유 중 가장 큰 요인은 바로 춥고 어둡고 긴 겨울 날씨다. 핀란드는 북극권에 속하는 지역으로 겨울이 길기도 하지만 하루에 열여덟 시간 이상의 깜깜한 겨울 날씨는 사람을 그만큼 위축시키고 무력하게 만드는 것이다.

그래서 핀란드인들은 11월을 가장 잔인한 달 암흑의 달이라고 이야기한다. 핀란드의 겨울은 10월부터 시작하여 11월이면 본격화 되는데, 12월은 그래도 크리스마스 축제 분위기가 있고 1월은 새해의 새로운 기분이 있고 2월은 짧기도 하지만 서서히 해가 길어지는 시기이다 보니 당연히 11월이 가장 견디기 힘든 달이라는 것이다.

나도 몇 번 경험해 보았지만 해를 제대로 보지 못하는 인간의 답답함은 직접 경험해 보지 않은 사람들은 쉽게 이해할 수 없을 만큼 엄청나다. 상당수의 핀란드 인에게 겨울날의 긴 긴 시간을 달래주는 것은 바로 술과 책이다. 그러다 보니 핀란드 사람 중에 알코올 중독자가 많기도 하고, 이러한 알코올 중독은 북유럽에 있는 나라가 공통적으로 겪고 있는 커다란 사회문제이기도 하다.

또한 세계에서 1인당 독서량이 가장 많은 나라들이 북유럽 나라들이다.

핀란드교육에서 놀이와 행복을 만드는 방법, 이를 통해 사회생활의 행복과 즐거움을 만들어 가는 과정 그것은 바로 북유럽의 자연환

경을 극복하고 사회의 활기를 만들어 가는 과정인 것이다. 그러한 절실함 속에서 시작한 행복교육이 이제는 세계인이 부러워하는 교육선진국을 만들어 냈다는 생각을 해본다.

행복을 만들어 내는 방법을 배워나가는 교육과정은 이제 대한민국에서도 시급히 도입해야 할 교육방법이라고 생각한다. 이미 많은 교육감들이 앞 다퉈 구호로 내걸고 있는 행복교육이 좀 더 구체적인 교육과정과 방법으로 우리나라의 학교에도 정착되기를 기대해 본다.

한번 담임은 **영원한** 담임

핀란드 교육의 가장 큰 특징을 꼽으라고 한다면 학교를 세상에서 가장 재미있는 곳으로 만들기 위해 노력한다는 점을 들 수 있을 듯하다. 내가 방문한 초등학교의 교장이나 교사들과 나눈 대화 속에서 가장 흔하게 등장하는 단어가 '재미있는 학교'였다. 그들은 약속이나 한 듯이 "학교를 가정 다음으로 재미있고 행복한 공간으로 만드는 게 우리의 목표입니다."라고 말한다.

역설적으로 '핀란드 학생들 중에도 학교 가는 것을 그리 좋아하지 않는 아이가 있겠구나.' 하는 생각을 해 보았다. 그렇기 때문에 그만큼 그 문제를 풀기 위해 많은 노력을 하는 것이 아닌가 하는 생각도 들었다.

실제로 북유럽의 아이들을 대상으로 설문조사한 결과를 보면 핀란드의 아이들이 가장 학교에 가기 싫어한다는 결과가 나오기도 하였다. 이것을 가지고 여러 가지 해석들이 있으나 많은 학자들은 그

이유를 핀란드 민족이 가지고 있는 민족적 특성에서 비롯되었다고 보고 있다. 어쨌거나 학교를 재미있는 공간으로 만들겠다는 이 말이 나에게는 대단한 진리, 교육 목표의 핵심정답으로 다가왔다.

나의 학창시절을 돌이켜 보건대, 아침에 눈을 뜨면 학교 가는 것이 즐거워 가슴이 설레지는 않았던 것 같다. 학교가 그렇게 행복한 공간이라면 요즘 학교에서 발생하는 여러 가지 문제들은 사라지거나 현저히 줄어들 것이다. 만약 수업시간마저도 그렇게 즐겁다면 당연히 지식습득 효율도 높아질 것이다. 그래서 우리 교육도 '창의융합', '인재육성' 등 거창한 목표 대신에 '행복한 학교 만들기', '재미

있고 즐거운 학교 만들기 등 현실적인(?) 목표를 갖고 접근하는 것이 필요할 것 같다.

이런 의미에서 볼 때 현재 진보 교육감들이 진행하는 혁신학교, 행복한 학교 만들기는 의미 있는 진일보라고 생각된다. 한 가지 아쉬운 것은 진보 교육감이라면 행동도 진보적이어야 하는데, 선행(先行)의 결과들을 그저 답습하는 경우도 적지 않아 안타까움을 느끼게 한다. 진보는 자기지역의 특성과 장점을 살린 독창적 교육과정을 만들어 나가야 하지 않을까? 자기들만의 특징과 개성을 살린 교육방법을 만들어내지 못한다면 그것을 어찌 진보라고 할 수 있겠는가 하는 의문을 가질 수밖에 없는 것이다. 다시 본론으로 돌아가서 그러한 목표, 학교를 가정 다음으로 재미있고 행복한 곳으로 만들기 위해 이뤄지는 여러 가지 프로그램들을 하나하나 소개해 보고자 한다.

핀란드의 초등학교 교사들은 사회적으로 큰 존중을 받는다. 교사들의 사회적 지위는 핀란드에서도 대접을 받는 편이지만 그 중에서도 초등교육이 담당하는 시기가 중요하다는 사회적 공감대가 형성돼 있다. 학교교육을 통해서 인성과 지성을 갖춘 성인으로 성장해 가는데 그 출발을 담당하는 초등학교 교사들의 역할이 가장 중요하다고 보는 것이다. 나 역시 이런 생각에 전적으로 동의한다.

이러한 사회적 의식은 교육제도에 그대로 적용된다. 핀란드 초등학교의 1~2학년 학급에는 담임 외에도 보조교사가 있다. 아이들에게 더 많이 신경써서 학교에 잘 적응할 수 있게 도와주기 위한 것이다. 1학년의 경우에는 보조교사를 두 명까지 두기도 한다. 그 만큼 초기에 학교에 제대로 적응하게 하는 것이 학교교육에 있어서 그 무엇보다도 중요하다는 것을 알기 때문이다.

그렇다면 그 많은 보조교사들은 어떻게 충당하고 있을까? 해결책은 수습교사 제도에 있다. 뒷부분에서 교사양성제도에 대해서 다시 설명하겠지만 교사를 양성해 교단에 세우지만 바로 담임을 맡는 것이 아니라 보조교사로서 수습기간을 두는 것이다. 6개월에서 1년의 수습기간을 통해 수습교사들은 교육방법 등을 선배교사들로부터 배우며, 교사로서 필요한 자질과 인성 등을 갖추게 된다. 더욱 중요한 것은 교사의 길이 자신에게 맞는지 숙려하는 시간이 되기도 한다는 것이다. 흔하지는 않지만 이 시기에 진로를 변경하는 경우도 있다고 한다.

교사가 되는 길이 평생직장을 얻기 위한 혈투의 장이고 인성과 책임감, 학생지도방법 등 교사가 갖추어야 하는 기본적인 소양보다는 성적순으로 교사가 되는 우리의 현실과는 다소 차이가 있다. 따라서 이러한 제도를 어떻게 적용하면 좋을지에 대해서 검토할 가치가 있다고 생각된다.

교육의 효율성을 높이기 위해 교사 1인당 학생 수를 줄이는 것도 중요한 문제이지만 그것이 교육문제 해결의 전부는 아닌 것처럼 학생들을 학교에 적응하게 하는 다양한 방법 중의 하나로 충분히 검토해 볼 만한 제도라고 생각한다.

핀란드 초등학교는 1학년 때부터 6학년 때까지 담임교사가 바뀌지 않는다. 당연히 한 번 같은 반이 되면 6학년까지 6년간 같은 반에서 배운다. 우리나라는 학년 당 한 학급만 있는 소규모 학교나, 대안학교에서는 이렇게 담임선생님이 바뀌지 않고 계속 지도하는 경우도 있지만 대부분의 학교에서는 매년 담임선생님이 바뀐다. 핀란드의 초등학교에서 담임선생님이 바뀌지 않고 계속 지도하는 것은 아이들이 학교에 제대로 적응하도록 돕기 위한 고민으로부터 출발한 제도이다.

6년이란 세월은 서로 친해지기에 충분한 시간이다. 6년 지기 친구가 되는 것이니 학생과 교사가 얼마나 친밀하고 정겨울지는 달리 설명이 필요치 않을 것이다. 특히 교사는 아이의 성장 과정을 살펴왔기 때문에 어떤 문제가 발생할 경우에 아이를 다그치지 않고 그 원인을 쉽게 찾아낼 수 있다. 이 또한 초등학교 6년은 학교에 적응하는 중요한 시기라는 인식이 만들어 낸 제도이다.

물론 이에 대하여 다른 견해를 가진 사람들도 있을 것이다. 대표적인 것이 1학년 때 교사와 학생이 서로 적응하지 못하면 6년 간 학교생활이 힘들어진다는 주장이다. 두 개의 선이 한 번 벌어지면 그 간격이 점점 넓어질 거라는 발상이다. 이에 대해 나는 "담임선생님의 사랑을 1학년 때 확인하지 못했을 뿐"이라고 말해주고 싶다. 교사가 아이들에게 사랑을 줄 준비가 되어 있다면 두 개의 선은 언젠가 분명히 만나게 된다. 비록 1학년 때 확인하지 못했더라도 2학년,

3학년이 되어서 확인할 수 있다는 얘기다.

한 교사에게 계속 수업을 듣는다면 한 가지 교육방식에 국한될 수 있다는 지적도 있다. 하지만 내 생각은 다르다. 초등학교수업은 그야말로 기초과정을 공부하는 시기이기 때문에 학문에 있어서 전문성과 개별적 특성이 부여되지 않는다. 중학교, 고등학교에 진학할 수록 좀 더 전문적인 공부를 준비하는 과정이 기다리고 있다. 이 역시 초등학교 때부터 학교는 가르치고 배우는 곳이라는 고정관념이 만들어낸 기우일 뿐이라고 생각한다.

한 반의 아이들이 6년 동안 함께 한다면 친구관계가 넓어질 기회가 없다고 주장하는 이들도 있다. 일면 타당한 얘기다. 하지만 핀란드의 경우 대도시라고 하는 헬싱키, 에스포, 반타의 학교들도 대부분 한 학년에 두세 반 정도로만 운영되고 있다. 같은 학교에 6년 다니다 보면 자기 반이 아니더라도 얼마든지 친해질 수 있는 여지가 있다. 친교는 '끌림'이 아니겠는가. 반이 바뀌지 않아 좋은 점은 깊이 사귀는 법을 배울 수 있다는 것이다.

졸업장보다 **자랑스런** 선물, 생활**기록**부

핀란드 초등학교에는 시험이 없다. 따라서 성적순으로 매겨지는 서열도 없다고 알려져 있다. '시험을 보지 않으면 학생들의 학업성취도를 어떻게 가늠하는가?' 그들에게는 바보 같은 질문이겠지만 우리에게는 궁금할 수밖에 없는 질문이다. 핀란드 교사들에게 이 질문을 던졌을 때 뜻밖의 대답이 돌아왔다. 시험을 본다는 것이었다. 당연히 수업을 하고 학생들이 학습을 진행하였다면 그것이 어떻게 전달되는가는 교사가 확인해야 할 내용이라는 것이다. 그것을 통해 이후에 어떻게 학교수업을 진행할 것인가를 결정할 수 있기 때문이란다.

대신 학생들의 순위를 매기지 않을 뿐이다. 순위를 매기지 않았으니 공개할 것도 없다. 한마디로 말해 누가 잘하는지 묻기 위한 것이 아니라 얼마나 잘 가르쳤는지를 파악하는 시험이다. 교사가 문제를 내고 스스로 평가받는 셈이다.

우리나라에서도 필답고사로만 성적을 매기는 서열화에 대한 반성이 없는 것은 아니다. 그래서 생활기록부를 중시하고 있다. 그런데 결론은 '기-승-전-입시'다. 생활기록부는 결국 수시입시의 도구로 전락했고, 생활기록부를 잘 꾸미기 위한 경쟁이 과열양상을 보이고 있다. 핀란드는 어떨까? '생활기록부라는 것이 있는가. 순위를 정하지 않는 시험이라고 했는데 시험을 치른 뒤 생활기록부에는 반영되는가. 생활기록부가 상위 학교진학에 어떠한 영향을 미치는가?' 등에 대해 물었다. 답변은 이러했다.

"생활기록부는 아이들의 잠재적 능력과 장점, 개선해야 할 단점 등을 파악하고 학부모와 지속적인 소통과 대화를 통해 아이들이 발전해 가는 과정을 정리하는 것이다."

그렇기 때문에 초등학교 담임교사들이 가장 힘들어 하는 것이 생활기록부 정리라는 것이다. 이에 반해 아이들과 학부모들은 졸업식에서 설레고 기대하는 마음으로 생활기록부를 받는다고 했다.

교사들은 "생활기록부만 제대로 쓰기만 해도 학생과 학부모들이 이를 바탕으로 아이들의 미래비전을 만들어 갈 수 있지 않겠습니까?"라고 반문했다.

현지에서 만난 교민 학부모들도 이에 동의했다. 자녀들의 초등학교 졸업 때 받은 생활기록부를 보면서 아이들이 성장해온 과정과 아이들이 가진 특징과 장점, 보완해야 할 것들을 파악할 수 있었다는 것이다. 한 교민은 "우리나라 생활기록부를 생각하면 안 된다. 책 한

권 분량은 된다."고 귀띔했다.

실제로 핀란드 초등학교의 생활기록부에는 어떤 것들이 담겨있을까. 생활기록부는 구체적인 학업 성취 과정을 적시하고 있다. 예컨대 아이들이 수업을 듣는 태도부터 기록하고 있다. 점수나 순서를 매기지는 않지만 수학시간에 분수의 곱셈과 나눗셈을 공부했다면 어떠한 과정으로 풀어나갔는지, 이 아이가 수학을 풀어가는 과정이 갖는 특성과 이 학생은 이것을 통해 수학의 어떤 부분 또는 학습의 특성 또는 장점이 있는지 등등을 꼼꼼히 기록하는 것이다.

교사들이 생활기록부 쓰기를 두려워하는 이유를 알 수 있다. 이렇게 담임교사들이 6년간 지켜보며 아이들에 대해 꼼꼼히 기록해서 준비한 선물이 마음에 들지 않을 수 없다. 그렇기 때문에 생활기록부는 학생과 학부모들이 졸업장보다 기대하면서 받는 최고의 졸업 선물이 되는 것이다.

앞에서도 거론했지만 우리나라의 생활기록부는 상급학교로 가기 위한 평가를 하고 순위를 정하는데 우선적인 목적이 있는 것으로 느껴진다. 경쟁을 위한 경쟁에 의한 경쟁이 지배하는 대한민국에서 생활기록부도 중요한 경쟁의 수단과 방법이 되고 말았다. 문제는 이러한 경쟁에 학부모들까지 나서고 있다는 이야기들이 심심치 않게 들린다는 것이다. 어떤 학부모들은 자녀를 대신해 '스팩'을 만드느라 아이들보다 바쁘게 살고 있다는 이야기는 학부모들끼리의 대화에서 종종 나오는 이야기이다.

어떻게 하면 생활기록부가 생활기록부로서의 제자리를 찾아갈 수 있는가 함께 고민해 보아야 할 문제이다.

집에서 **가까우면**
제일 **좋은** 학교

헬싱키 인근 '에스포'라는 도시의 학교에 방문을 했을 때 그 학교 교감이 설명해준 프로젝트를 소개해 보고자 한다. 프로젝트의 이름은 '보이스(Voice) 프로젝트'다. 보이스 프로젝트는 아이들의 목소리를 잘 들어줌으로써 아이들이 학교에 잘 적응하도록 하기 위한 프로그램이다.

이 프로젝트는 헬싱키, 반타, 에스포 등 이른바 핀란드 수도권에서 시범사업으로 진행하는 프로젝트다. 학생들이 학교 생활을 시작할 때 어떻게 학교에 잘 적응하게 도움을 줄 것인가를 고민하면서 그 문제를 풀고자 하는 프로젝트라고 한다. 그리고 그러한 프로젝트를 확대하기 위해 이 학교가 시범학교로 사업을 진행하고 있었다.

이 프로그램은 단순히 학교와 교사들에 의해서 진행되는 것이 아니라 학교+보건소+유치원+가정이 협력하여 진행한다. 학생들의 가정에 문제가 있으면 학교 생활에도 문제가 발생할 가능성이 높다는 생각에서다. 이전에는 교사만이 교육의 주체이고 교사가 학생들의 교육을 위해서 학부모에게 교육에 필요한 어떤 것들을 요청하는 것이었다면 이 프로젝트의 시행을 통해 교사와 학부모가 학생의 교육을 위해 협력하는 동반자가 되어가고 있다.

이 학교의 경우 2년의 프로젝트 과정을 경험하면서 교사들뿐만 아니라 학부모도 함께 학생의 교육을 책임지는 동반자라는 인식이 확대되었다고 한다.

아이들의 목소리라는 의미는 학생들이 학교 생활에 잘 적응하는 것이 무엇보다 중요하고 이를 위해서는 궁극적으로 학생들의 목소리를 들어야 한다는 얘기다. 모든 중심을 아이들의 관점에서 바라보아야 함을 강조한 것이다.

교사들과 학부모들이 동반자로서 아이들을 훌륭히 교육시켜 나간다는 의미이다. 핀란드의 상황에서 보자면 교사의 위상이 낮아지는 것처럼 보이는 측면도 있지만 학생들을 지도하는 것은 교사 혼자 하는 것이 아니라 학부모와 함께 진행하는 것이라는 인식의 확대로 보아야 할 것이다. 아이들을 가장 잘 아는 것은 부모이기 때문이다. 아이들을 학교에 잘 적응하게 하기 위해서는 부모와 교사의 소통이 가장 중요한데 이를 실천하는 것이 보이스 프로젝트의 핵심이다.

이 프로젝트는 병설유치원 학생들과 1학년 학생들을 학교에 잘 적응하게 돕기 위한 것이다. 교사와 학부모들은 소통에 도움이 되는 토론을 진행한다. 또 이를 바탕으로 학교 행사(어머니의 날, 아버지의 날 등)를 학생들과 함께 진행한다.

핀란드의 수도는 헬싱키이다. 헬싱키는 핀란드를 스웨덴으로부터 이양받은 러시아가 자신들의 영토와 가까운 발트해의 어촌마을을 개발하여 만든 도시다. 헬싱키 주변에는 세계적인 휴대폰 생산업체 노키아의 본사가 자리하고 있는 에스포라는 도시가 있고, 헬싱키 국제공항이 생기면서 발달한 도시 반타가 있다. 우리나라로 이야기하자면 서울과 경기도 인천 등 수도권에 해당한다. 그러나 핀란드는 인구가 우리나라의 10분의 1에 불과하다. 헬싱키 인구가 55만 명이고, 에스포 30만 명, 반타 20만 명이다. 우리나라 중소도시 규모지만 이 세 도시에 핀란드 인구 550만의 5분의 1인 100여만 명이 거주하고 있다.

그런데 언제부터인가 노키아가 세계적인 휴대폰 제조업체로 발전하면서 노키아에 근무하는 엔지니어와 노키아 협력업체에서 일하는 IT관련 엔지니어들이 에스포에 집중하여 살고 그들의 자녀들이 에스포에 있는 학교에 다니다 보니 전국적인 학교 학력 평가에서 우수한 성적을 내곤 하였다.

나는 그중에 고등학교 학력평가에서 2009년에서 2011년까지 3년 동안 1위를 차지한 에스포에 위치한 고등학교를 방문한 적이 있었다. 그 학교 교장과 대화를 하면서 놀랐던 것은 자기 학교 학생들의 성적이 우수하게 나온 것에 대해 대수롭지 않게 생각한다는 것이었다.(핀란드에서는 학생들의 학업성취도를 측정하기 위해 학력 평

가를 위한 시험을 실시하고 있다. 그런데 이러한 시험이 학교 서열화로 변질될 것을 우려해서 전체 학생들을 평가하지 않고 샘플평가를 하고 있다고 한다.)

실제로 '학교 학력 평가에서 우수한 성적을 거두기 위해 어떠한 노력을 했느냐?' 고 묻자 "경쟁은 교육이 아니다. 아이들에게 필요한 내용을 알게 하고 스스로 문제를 해결할 수 있는 능력을 길러주는 것이 교육이다. 그런 의미에서 우리 학교가 그리 대단하다는 생각이 들지는 않는다.' 고 말했다.

'그렇다면 핀란드에서 좋은 학교의 기준이 무엇이냐?'고 묻자 "좋은 학교는 집에서 가까운 학교, 통학하기 좋은 학교다."라고 대답했다.

교장은 "핀란드의 모든 학교는 학생들 한 사람 한 사람의 능력을 찾아내고 발전시키는 일에 최선을 다한다. 또한 우리는 21세기 교육을 하고 있다. 20세기 교육이 지식을 주입하는 교육이었다면 이제 과학기술의 발달로 인해 컴퓨터로 모든 지식을 찾아내서 알 수 있는 시대가 됐다. 학생들 스스로 문제를 해결할 수 있는 문제해결 능력을 기르는 것이 21세기 교육이다."라고 강조했다.

교장은 또 "혼자 해결하는 능력을 키우기도 하지만 함께 문제를 해결하는 능력을 기르는 것이 궁극적 목표다. 우리는 그를 위해 노력을 하고 있다. 핀란드의 모든 학교가 그것을 위해 노력을 하고 있다. 그리고 모든 학생들이 그러한 능력을 가지고 있다. 우리의 목표는 그것을 찾아주는 것이다. 그렇다면 좋은 학교는 내가 다니기 편한 학교가 아니겠는가?"라고 반문했다.

핀란드에도 좋은 학교의 기준은 있다. 학교 주변에 강이나 냇가가 있고 숲과 들판이 있어서 과학수업이나 야외수업을 할 수 있고 자연과 호흡할 수 있다면 교육을 다양하게 진행할 수 있고 아이들이 자연을 이해하는데 엄청난 이득을 누릴 수 있기 때문에 좋은 학교라고 자랑을 한다.

그리고 주변에 데이케어센터가 있어서 어린아이들과 쉽게 놀아

줄 수 있는 시간이 있고 실버타운이 있어서 할아버지 할머니들께 봉사하면서 사회복지사로서의 직업체험을 쉽게 할 수 있는 자기네 학교가 얼마나 좋은 학교인가? 라고 자랑을 한다.

우리나라의 경우 서울에 있는 소위 일류대학이라고 하는 상위권 대학에 학생들을 많이 진학시키는 학교를 좋은 학교라고 평가한다. 또 그런 학교에 보내기 위해 많은 교사와 학생 그리고 학부모들이 경쟁을 벌인다. 초등학교부터 고등학교 졸업 때까지 모든 과정이 오직 입시에 맞춰져 있다. 학교는 상위권 대학에 진학할 만한 학생들을 중심으로 수업을 진행한다. 바로 여기에서부터 문제가 발생하는 것이다.

소위 좋은 대학에 들어갈 수 있는 학생은 정해져 있다. 그 학교에 들어갈 수 있는 학생 수가 정해져 있기 때문에 모든 학생들이 공부를 아무리 잘한다 해도 그런 대학에 들어갈 수 있는 학생 수는 변하지 않는다는 의미이다. 그런 대학에 들어갈 수 없는 나머지 학생들은 쭉정이 취급을 받는다. 자신들의 학력과 능력을 개발하고 발전시킬 자유와 권리마저 갖지 못한다. 이처럼 비민주적이고 독재적인 교육방식이 선진국이라는 나라 중 어느 나라에 존재할 수 있겠는가. 대한민국의 가슴 아픈 현실이다.

수업시간에 **졸면**
부모에게 **책임**을 묻는다

핀란드 대부분의 교실에서 이루어지는 수업방식은 주로 선생님이 간단하게 수업의 내용에 대하여 설명을 하고 나머지는 학생들의 의견 개진, 토론 등 여러 가지 방법으로 진행된다. 그리고 이러한 수업시간을 교육에서 가장 중요한 시간으로 만들기 위해 노력하며 그 특징들은 다음과 같다.

첫째는 아이들이 수업에 집중할 수 있는 구조를 만들고 그 수업만큼은 굉장히 중요하게 생각한다는 것이다. 즉 모든 아이들이 수업에서 배제되지 않게 하는 것이 중요한 특징 가운데 하나이다. 모든 수업에서 아이들이 함께 해야 한다는 것이 핀란드 교실수업의 원칙이기도 하다. 수업의 구체적 방식은 각 학교마다 다르고 교사마다 다르지만 수업시간에 학생과 교사가 함께 집중해서 만들어간다는 원칙은 다르지 않다.

뭘 그렇게 당연한 이야기를 반복적으로 강조할까 하는 생각이 들

수도 있겠지만 핀란드 교사와 학생들은 수업에 절대적 의미를 부여한다. 그 비근한 예가 수업시간에 학생이 졸기라도 하면 바로 학부모에게 연락을 한다는 점이다. '집에서 아이를 얼마나 재우지 않으면 수업시간에 졸음을 참지 못하고 졸겠는가?'에 대해 부모에게 따지거나, 아니면 건강에 문제가 있는지 등 그 원인을 밝히기 위해 노력한다는 것이다. 그리고 수업에 집중하지 못한다면 그것에 대해서도 원인을 분석하고 문제를 해결하는 과정을 거친다.

둘째, 핀란드 초등학교에는 숙제가 거의 없다. 숙제가 있더라도

10~20분 내에 할 수 있는 정도의 숙제만 있을 뿐이다. 초등학교 수업이 끝나면 대부분의 아이들은 동네의 청소년센터나 학교의 방과 후 프로그램에 참여한다. 청소년센터와 학교의 방과 후 프로그램은 거의 대부분이 놀이프로그램이며, 청소년센터에는 아이들이 놀 수 있는 야외 및 실내 체육시설이 갖추어져 있다. 실내에는 대개 농구와 배구를 할 수 있는 시설이 마련돼 있다. 야외에는 여름에 축구를 하고, 겨울에는 아이스하키를 할 수 있는 평지 운동장이 있다.

그리고 청소년센터마다 다르긴 하지만 대부분의 청소년센터에는 영화와 음악을 감상할 수 있는 공간이 있다. 여기에서 아이들은 모둠을 만들어 함께 영화를 감상하고 영화를 만들기도 하며, 음악을 감상하고 음악밴드를 만들어 공연을 하기도 한다. 아이들이 이렇게 마음껏 놀 수 있는 것은 초등학교와 중학교에서는 숙제가 거의 없기 때문이다. 그리고 만일 숙제가 있다면 30~40분을 넘지 않는 범위에서 해결할수 있는 정도의 숙제가 전부이다.

여기에도 핀란드 교육의 철학이 담겨있다. 그것은 바로 아이들이 수업시간에 집중했다면 그 나이의 아이들이 배워야 할 것은 다 이루었다고 간주하는 것이다. 그렇기 때문에 학습을 위해 사용되는 대뇌는 쉴 수 있게 하고 운동이나 놀이에 필요한 소뇌를 적절하게 사용할 수 있는 시간을 가져야 한다는 것이다. 그렇게 했을때만 아이들은 건강한 성인으로 성장할 수 있다고 생각하는 것이 핀란드 사람들이다.

학교보다 **재미있는** 청소년**센터**

학교가 끝나면 아이들은 동네의 청소년 센터로 이동한다. 간혹 학교에 남아서 나머지 공부를 하거나 아니면 특수학급에서 특별지도를 받는 학생들도 있지만 대부분의 학생들은 학교가 끝나면 청소년 센터로 이동한다.

이러한 청소년 센터는 각 지자체에서 운영을 하는데 지자체 소속 사회복지사들이 관리한다. 내가 찾았던 청소년센터에는 네 명의 사회복지사가 청소년센터를 관리하고 있었다. 사회복지사들은 각자의 역할을 나누어 아이들의 취미 활동과 여가 시간을 풍요롭게 만드는 프로그램을 만들어 나가고 있었다. 그곳에는 마침 연극을 준비하는 학생들이 있었고 그 연극 연습을 한 명의 사회복지사가 지도를 하고 있었다. 말이 지도이지 아이들이 준비하고 연습하는 것을 옆에서 지켜보며 돕고 있는 듯한 모습이다.

이러한 청소년센터에서는 동네에 거주하고 있는 초·중학생은 물론 고등학생들까지 여가를 즐길 수 있다고 한다. 대신 학생들이 연령별로 이용하는 시간은 구분되어 있었다. 9~12세의 아동은 방과 후 오후 4시 30분까지 이용을 하고 13~17세의 청소년은 오후 8시 30분까지 이용이 가능하다.

청소년센터는 주중에도 아이들을 위해 개방하지만 주말에도 아이들에게 개방하여 동아리활동이나 클럽활동을 진행하고 있었다.

우리가 방문했던 청소년센터에는 탁구대와 당구대가 놓여있는 방이 있었고 실내에서 농구나 배구를 할 수 있는 실내체육관이 있었는데 실내체육관 시설물들을 이리 저리 옮기면 공연이 가능한 공연장으로 변하는 모습이 신기하였다. 또한 영상 편집실과 밴드 합주실, 요리를 할 수 있는 주방을 갖춘 방 등이 있어서 아이들이 취미활동을 하거나 여가활동을 하기에는 손색이 없는 모습이었다.

요일별로 테마를 정해서 진행하는 프로그램도 있었다. 월요일엔 춤과 공예, 화요일은 운동과 서커스, 수요일엔 미디어 운영, 목요일은 음악활동 등 아이들이 관심을 갖고 함께 할 것들을 찾고 아이들의 참여를 높이기 위해 노력하는 모습이었다.

그리고 간혹 청소년들을 대상으로 방학 아르바이트를 안내하는 프로그램을 진행하기도 한다.

우리가 방문했을 때가 마침 〈강남스타일〉이라는 노래가 한창 인기를 모으고 있을 때라 그런지 한국에서 왔다는 이야기를 듣더니 아이들이 서로 앞 다투어 다가와서는 〈강남스타일〉 노래와 함께 말춤을 선사하던 모습이 눈에 선하다.

한편으로 한없이 자유롭기만 하고 규칙이나 질서가 없을 것 같은 청소년센터에도 이곳을 이용하는 아이들이 함께 놀기 좋은 청소년센터를 만들기 위한 규칙이 있었다.

가령 험한 말을 할 경우에는 15분간 밖으로 내보내거나, 청소년센터에서 분쟁이 발생할 시에는 청소년센터 내의 학생 자치정부에서 해결한다고 한다. 말하자면 핀란드인들은 사람들이 모이면 공동체를 만들고 그 공동체를 민주적으로 운영하는 원리를 만들어 낸다는 생각이 들었다.

우리나라에도 지역아동센터라는 곳이 있기는 하다. 이 지역아동센터가 만들어진 계기도 북유럽의 청소년센터를 보고 만들어졌다는 이야기를 들었다. 그런데 핀란드의 귤이 우리나라로 와서 찌그러진 탱자가 된 것인가 이름만 비슷하지 실제 내용은 전혀 다른 모습이다.

우리나라의 지역아동센터는 공간도 협소하고 운영도 민간에게 위탁해서 운영하고 있다. 근본 취지도 놀고 즐길 수 있는 공간이 아닌 부족한 공부를 도와주는 곳으로 전락했다. 혹 누군가 이런 표현을 문제 삼는다면 더 할 말이 없다.

제2장

모든 교육은 철학에서 출발한다

먹고살 만한데
왜 **정치**에 **관심**이 많을까?

핀란드 국민들이 의외로 정치에 대해 높은 관심을 가지고 있다는 점은 인상적이다. 내 좁은 생각으로는 복지도 제대로 하고 있고 정치도 선진화되어 있으면 대부분의 국민들은 정치에 별로 관심이 없거나 표현하지 않을 것이라고 판단했다. 나라가 다 알아서 잘살게 해주는데 굳이 어려운 정치에 관심을 가질 이유가 없지 않겠냐는 생각이 있었던 것이다. 내가 중·고등학교를 다닐 때 사회 수업시간에 "나라가 선진국이 되면 투표율도 낮아지고 국민들이 정치로부터 멀어진다."라던 선생님의 말이 기억난다. 예로 든 나라가 미국이었다.

그런데 나의 예상은 여지없이 빗나가고 말았다. 핀란드의 학생들, 교사들과 대화하면서 새삼 내가 갖고 있는 짧은 생각에 부끄러움을 느낄 수밖에 없었다. 그들의 대답은 단호했다. "핀란드가 오늘처럼 이렇게 잘 살 수 있는 것은 모든 국민이 함께 민주주의를 발전시켜 왔기 때문"이라는 것이다. 또 "이러한 민주주의는 모든 국민이 함께

민주주의

지켜가야 한다."고 말한다.

실제로 핀란드 역사를 보면 600여 년 동안 스웨덴의 지배를 받았고, 100여 년 동안 러시아의 지배를 받았다. 1917년 러시아로부터 독립한 이후 100년 만에 세계에서 가장 잘 사는 나라들인 북유럽 나라의 일원으로 훌륭히 발전하고 있는 상황이니 거기에 대해 내가 무어라 토를 달겠는가.

지금은 내로라하는 부자나라에 속하지만 독립 직후의 핀란드는 먹을 것조차 넉넉하지 않은 나라였다. 지도를 보아도 한눈에 알 수 있듯이 국토의 90% 이상이 농작물을 수확할 수 없는 북위 60도 이상의 지역에 속하는 나라다. 이러한 최악의 환경 조건에서 나라를 발전시킬 수 있는 유일한 길은 교육을 통해 모든 국민을 인재로 길러내는 것이고, 완전한 민주주의를 통해서 국민을 하나로 단결시키는 방법이었다.

핀란드 사람들은 미국식 또는 영국식의 양당제는 민주주의가 아니라고 부정한다. 이들은 오히려 '그 많은 국민들의 생각을 어떻게 두 개의 그릇에 담을 수 있는가?'라고 반문한다.

핀란드를 혼자 답사했던 기억이 지금도 생생하다. 헬싱키 강변에 있는 식당에 점심을 먹으러 들어갔는데, 식당은 그리 크지 않았지만 커다란 나무를 그대로 둔 채 나무기둥을 남기고 지붕을 씌운 것이 독특했다. 햇빛이 부족한 핀란드답게 자연 채광이 잘 되게 벽면을 유리로 처리한 건물이었다. 손님들이 삼삼오오 앉아서 식사를 하고 있었다. 백발을 한 남자 손님 서넛도 식사를 하고 있었다. 실례를 무릅쓰고 얘기를 나눌 수 있겠냐고 물었더니 상관없다고 흔쾌히 승낙한다. 다들 70대 초반으로 은퇴 후 소일하며 지낸다고 했다.

"어려운 질문이지만, 핀란드는 어떻게 해서 이렇게 잘 살게 되었는가?"

"핀란드는 민주주의를 발전시켰기 때문에 잘 살게 되었다."

"잘사는 것은 경제의 문제이고 민주주의는 정치의 문제인데, 당신의 말이 이해되지 않는다."

"젊은 사람이 이해력이 좀 떨어지네. 민주주의를 발전시키면 모두가 주인의식을 가지는데, 내가 내 집의 주인이라고 생각하면 열심히 일 안 할 사람이 누가 있겠는가. 그러면 국가는 당연히 잘살게 되는 것 아닌가?"

정말이지 단호하게 말하는 모습이 나이 지긋한 노인의 말씀이라고는 도무지 믿겨지지 않을 정도였다. 나는 또 핀란드의 투표율이 높은 이유에 대해서도 물어보았다. 노인의 말은 "우리가 힘들게 만들고 발전시킨 민주주의이고 그래서 우리가 잘 살게 되었는데 민주주의는 국민이 관심을 갖지 않으면 언제든지 무너질 수 있다. 그렇기 때문에 늘 관심을 갖고 지켜보아야 한다."는 것이었다. 그리고 핀란드가 발전할 수 있었던 한 축으로 교육에 관심을 갖고 투자한 것에 대한 이야기를 빼놓지 않았다. 노인들과 나눈 대화는 어색하지만 신선하고 즐거운 시간이었다.

학교생활 **사소한** 것까지 학생회에서 **결정**한다

2016년 6월을 기준으로 핀란드 국회에 의석을 확보한 정당은 핀란드 전체 16개 정당 중 여덟 개의 정당이며, 중도당, 핀란드인당, 국민연합당 등 세 개 정당이 집권 여당을 구성하고 있다. 사민당, 녹색당, 좌파연합, 스웨덴인당, 기민당 등 다섯 개 정당은 야당으로 활동하고 있다. 5000만 명이 살고 있는 우리나라에 비해 인구가 550만에 불과한 핀란드지만 정당 수, 그것도 의석을 확보한 정당 수가 많다. 핀란드인들은 다양한 정치적 주장을 정당을 통해서 이야기한다. 또한 토론과 협의와 합의가 일상화되어 있기 때문에 정당이 난립하는 것 같아도 우리나라의 국회에서 벌어지는 볼썽사나운 일들은 발생하지 않는다.

핀란드 국민들은 자신의 생각이 정치에 반영될 것이라는 믿음을 가지고 있다. 핀란드의 다양한 정당들이 국민들의 다양한 정치·사회적 주장을 듣고 그것을 정치에 반영하기 위해 노력하기 때문이다.

핀란드인들은 철저하게 자기의 이해 관계에 따라 정당을 선택하고 지지한다. 지지하는 정당을 바꾸는 것도 대수롭지 않게 생각하며 지지정당을 바꿀 때도 또한 자기의 이해 관계에 철저히 기반한다. 그리고 국회의원을 선출하는 과정도 내가 행사한 투표 행위가 국회의석에 그대로 반영되게 하기 위한 제도를 가지고 있다는 것이다.

우리나라는 어떤가? 우리나라에서 대통령선거와 국회의원선거는 인기투표나 다름이 없다. 나의 이해와는 상관없이 투표행위를 하는 경우가 많다. 그러니 정치가 국민을 대변하는 것은 꿈같은 일이다.

이러한 근본에는 국민들의 의식수준의 차이도 작용하지만 선거제도의 불합리성도 주된 원인이다. 핀란드의 경우 국민들이 투표한 것이 정치에 그대로 반영되는 선거제도를 가지고 있다. 우리나라처럼 소선거구제를 통해 1등만 선택하는 것이 아니라 모든 국민들의 생각이 국회의석과 정치에 반영되는 것이다.

실례로 글을 쓰고 있는 2016년 말의 대한민국 사회를 혼란에 빠뜨리고 있는 사건이 이른바 '박근혜·최순실 게이트'라고 부르는 국정농단 사태다. 공인이 아닌 대통령의 지인이 비선실세가 되어 대한민국을 혼란에 빠뜨릴 수 있었던 것은 대한민국 정치구조가 후진적이기 때문에 가능한 것이었다. 진보정당의 입지를 허용하지 않은 보수성향의 양당은 서로의 잘못을 덮어주고 얼러주면서 양당체제를 공고하게 만들고 있다. 영호남 지역구도에 편승해 1등이 좋지만 2등

정치
정치
정치

도 괜찮다는 대한민국의 정치구조가 바로 '박근혜' 라는 정치인과 그에 기생하는 '최순실'을 만들어 왔다는 생각이다.

그러다 보니 많은 국민들은 정치로부터 멀어지고 심하게는 정치를 경멸하기에까지 이르게 되었다. 대한민국에서 가장 신뢰도가 낮은 집단이 정치 집단인 것은 이미 오래된 명제처럼 국민들에게 인식되어지고 있다. 영국 수상을 지낸 윈스턴 처칠은 "정치를 경멸하는 국민은 경멸받을 수준의 정치밖에는 소유하지 못한다."라고 했다. 그런데 이 말이 어찌 보면 우리 국민한테 꼭 맞는 말이다. 아이러니하게도 이러한 대한민국의 정치구조 속에서 가장 잇속을 챙기는 무리는 기성 보수 정치권이고 가장 손해를 보는 집단은 바로 대한민국 국민이라는 생각은 과연 나만의 생각일까?

핀란드에서 민주주의는 학교 교육의 중요한 일부분이다. 핀란드의 한 학교를 방문했을 때 학생회를 지도하는 교사가 이 부분을 굉장히 중요하고 자랑스럽게 이야기했다. 핀란드는 학년별 학생회가 활성화되어 있어서 이를 바탕으로 전체 학생회를 꾸리는데, 완전한 자치로 운영된다. 학생회 활동을 통해 민주주의를 배워나가고 책임감과 소속감을 높여 나가는 과정이 그 안에 있다.

담당교사는 "학생회 활동이 학생들에게 사회에 대한 주체적인 참여와 활동을 위한 교육의 측면에서 긍정적으로 작용한다."고 설명했다. 또 "학생회 활동을 통해 함께 토론하면서 서로를 이해하기도 하고 협동하면서 함께 문제를 풀어가는 방식을 배운다."라고 덧붙였다. 이 학교의 경우 1년에 2회 선거를 치르는데, 선거에는 모든 학생들이 참여한다. 학생회에 참여할 학생들은 한 반에 두 명씩 선출한다.

선거는 어른들의 선거와 같은 방법으로 진행된다. 투표소에는 기표소와 투표함이 놓이고 개표 등의 절차도 어른들의 선거와 같다. 학생회는 화요일에 진행하는데, 학생회에서 결정된 내용들은 각 반 대표들이 반으로 돌아가 그대로 전달한다. 이 학교 학생회는 최근 놀이시간에 사용할 물품의 품목, 점심 식단 등을 결정했다고 한다. 그리고 이 학교의 학생회는 놀이 물품의 대여와 관리, 6학년 학생들이 1,2학년 학생들 신발 끈을 매주는 일 등을 수행한다고 했다.

학생회 활동을 하는 학생이 최근 노동절 행사에 참여했던 일에 대해 이야기했다.

"학생들이 거리행진을 하면서 사람들에게 이야기하는 행사를 주관했습니다. 마술사 역할도 하고 이야기꾼 역할도 하는 등 우리들이 행사를 진행했습니다. 각 반마다 옷 색깔을 맞춘다든지 옷의 모양을 통일하면서 특색 있는 행진이 되도록 했습니다. 노동절 행사 때는 학생회와 선생님들이 함께 하루의 행사를 계획하여 진행하였는데 참 재미있었습니다."

학생회에서 논의한 것 중에는 점심시간에 음악을 틀어달라고 하였으며, 식사시간에 게임을 하면서 식사를 하는 것도 논의하였다고 한다.

민주주의에 대한 교육은 학생회 활동뿐만 아니라 수업을 통해서도 중요하게 다뤄지는데 주로 역사와 사회 수업을 통해서다. 우리와 북유럽 국가들의 역사, 사회 수업의 차이가 있다면 어떤 부분을 중요하게 생각하는가이다.

북유럽국가들이 중요하게 여기는 부분은 근현대 독립 과정과 민주주의 수립 과정이다. 그리고 역사수업의 접근 방식은 바로 현재의 나로부터 출발해 나가는 방식이다. 예를 들면 내가 이 세상에 태어나게 된 역사부터 살펴봄으로써 역사가 나와 분리된 것이 아니라 바로 현재 나의 문제이며 우리의 문제라는 인식으로부터 출발하는 것이다. 물론 고대 역사를 통해 민족적 자긍심을 키우는 부분도 학생들에게 가르치지만 훨씬 중요한 부분은 민주주의를 수립해가는 과정이다. 특히 그 과정에서 국민들이 어떻게 참여해서 민주주의를 발전시켜왔는가를 주제로 한 학기 정도를 할애해서 가르칠 정도로 중요하게 생각한다.

이 내용만을 가지고 한 학기를 가르친다고 하면 그렇게 가르칠 내용이 있는지 의아해 할 수도 있을 것이다. 그런데 모든 수업이 그렇지만 역사, 사회수업도 토론을 중심으로 진행되기 때문에 가능하다.

독립과 민주주의 수립의 과정은 특히나 많은 토론을 진행하는 주제이다. 따라서 한 학기 동안 한다고 해도 지루해하지 않는다. 학생과 교사들은 다양한 생각들을 나누며 과거를 이해하고 미래를 모색한다. 이렇게 한 학기 동안 독립의 역사와 민주주의를 주제로 토론을 하다 보니 민주주의에 대한 생각과 깊이는 매우 깊어질 수밖에 없을 것이다.

그런데 우리나라의 역사시간은 어떠한가? 광개토대왕과 장수왕이 영토를 넓힌 것도 중요하고 이성계가 왕이 되기 위해 위화도에서 군사를 돌려 임금에게 칼을 겨눈 것이 중요할 수도 있다. 그렇지만 북유럽의 관점으로 본다면 나라를 되찾기 위해 죽어간 수많은 독립운동의 이야기와 역사 그리고 민주주의를 발전시키기 위한 여러 가지 사건과 활동들을 중요하게 생각하고 수업시간에 다룬다.

예를 든다면 해방정국에 나타난 여러 가지 사상적 갈래에 대해서 아이들이 난상토론을 진행할 것이고 6·25 한국전쟁에 대한 것, 그리고 4·19 혁명, 5·18 광주 민주화 운동, 87년 6·10 민주항쟁, 그리고 2016년의 촛불혁명 등은 수업에서 빠질 수 없는 주제로 자리 잡을 것이다. 마찬가지로 독립운동을 배울 때 친일파에 대해서도 논의하게 될 것이다. 박정희 정권의 유신체제도 학생들이 함께 논의하고 토론할 중요한 주제가 될 것이다. 이러한 내용들을 학생들과 한 학기 동안 토론하며 수업을 진행한다면 이러한 경험을 한 학생들은 민주주의를 제대로 배울 수 있다. 그런 배움을 통과한 아이들이라면 민주주의를 발전시키고 미래사회를 책임질 수 있지 않겠는가.

"너희들은 곧 **노동자**" **노동법** 교육 필수

한번은 핀란드 방문 기간에 노동절이 포함되어 있어서 핀란드 노동절 축제를 볼 수 있었다. 핀란드에서는 가장 중요한 국경일 중 하나가 바로 노동절이다. 그 이유는 노동절이 가지는 의미도 있지만 긴 겨울을 이겨낸 북유럽 사람들에게 봄의 기운이 시작되는 5월 첫날은 모든 사람들의 기운을 돋구는 중요한 날이기 때문이다.

우리나라에서 단옷날 창포물에 머리를 감고 그네를 탔던 것처럼 핀란드 사람들에게 노동절은 노동자들의 축제이면서 봄을 맞이하는 온 국민의 축제다. 아니 대다수 국민이 노동자이기 때문에 노동절이 국민의 축제이기도 하고 온 국민이 봄을 맞이하는 중요한 날이기 때문에 또 국민의 축제이다. 이렇게 국민의 축제가 두 개가 겹쳐 있으니 그 만큼 중요한 축제라고 할 수 있다.

그런데 재미있는 점은 노동절 축제의 중심이 고등학생과 대학생들이라는 것이다. 고등학생과 대학생이 내일의 노동자이기 때문에 바로 그들이 노동절 축제의 주인공이라는 것이 핀란드 국민들의 생각이다. 노동절 전날 헬싱키와 주변 도시의 대학생들은 전공별로 연합하여 예비노동자로서 자기들 스스로 기획한 성대한 축제를 열고 있었다. 그 축제의 재미있는 특징 중 하나는 모든 참가자들이 전공별로 색깔은 다르지만 노동자 복장인 작업복을 입고 참가한다는 것이다. 나에게는 신선함으로 다가왔다. 그들의 머릿속에는 대부분의 학생들은 학교를 졸업하면 사무직이든 기술직이든 생산직이든 서비스직이든 노동자가 된다는 생각을 자연스럽게 가지고 있다는 사실에 놀라지 않을 수

없었다. 당연히 학교 수업에서도 노동에 대해 그리고 노동법과 그 밖의 자신들의 권리를 지키는 것에 대해 배우고 있었다. 그렇기 때문에 노동절이 자신들의 축제가 될 수 있는 것이다.

만약 우리나라의 대학생들이 자신들이 미래의 노동자라며 작업복을 입고 학교 축제를 연다고 가정해보라. 현재 우리 사회에서 노동자와 노동의 가치가 어떻게 변할지 짐작이 간다. 꼭 이렇게 대입하지 않더라도 대부분의 대학생들이 자신들이 미래의 노동자라는 것을 자각할 수 있다면 우리사회 우리나라의 민주주의는 훨씬 발전하지 않을까 생각해 본다. 그리고 학교에서 근로기준법의 기초적인 내용이나 노동법의 기초적인 내용들만이라도 배우고 사회에 진출한다면 우리 사회는 조금씩 변화하지 않을까?

당연한 이야기이지만 이제부터라도 우리 아이들에게 노동에 대해서 이야기 하고 노동의 가치를 가르쳐야 한다. 또 노동을 통해 이 사회가 움직이고 발전해 간다는 사실과 대부분의 사람들은 노동자가 된다는 것도 알려줘야 한다. 그리고 노동의 가치를 지키기 위한 기본적 법률을 교육 과정에 넣어야 한다. 국민 다수가 노동자인 나라에서 노동의 가치가 천대받고 노동이 소외되고 노동자가 마치 봉건시대의 노예 취급을 받는 나라라면 미래는 밝을 수가 없다.

몇 년 전, 수능을 끝낸 고3 수험생을 대상으로 청소년 노동인권강좌를 진행했다. 처음에는 아이들이 강의에 집중하지 않았다. 그런데 아이들이 겪게 될 일들을 예로 들어 설명하다 보니 자신들의 이야기라는 것을 자각하는 것 같았다. 나중에는 내 이야기에 귀를 쫑긋 세우고 듣던 아이들의 모습이 떠오른다. 우리나라 학생들도 알려주지 않아서 모르는 것이지, 아예 관심이 없거나 배우려는 자세가 부족한 것은 아니다.

고등학생들은 핀란드를 상징하는 대표적 상징물 중의 하나인 발트해 여신의 동상을 청소하고 목욕시키는 행사에 주인공으로 참여한다. 발트해 여신상은 핀란드에 가본 사람이라면 한 번쯤 들러보았을 핀란드 중심거리에 있다. 헬싱키 시청 정문 앞에서 오른쪽으로 스톡만 백화점 쪽 대각선 방향에 시벨리우스가 자주 들렀다는 유리로 된 레스토랑이 있고 그 부근에 그리 크지는 않지만 높다랗게 서있는 여신상이 있다. 이 여신상이 바로 핀란드인들이 수호신으로 생각하는 발트해의 여신상이다. 그래서 1년에 한 번씩 핀란드의 봄이 오는 길목인 메이데이 전날 이 여신상을 청소하는 행사를 국가적 중요행사로 치르는 것이다.

그런데 이러한 중요 행사의 주요 구성원들은 고등학생들이다. 이들은 발트해의 여신상 청소가 있기 전까지 인터넷으로 지원을 하고 추첨에 의하여 결정된 핀란드의 고등학생들인 것이다. 바로 이들이 핀란드의 미래이며 희망이라고 생각하기 때문일 것이다.

우리나라도 중요 국경일 중 상징적인 행사의 주인공을 고등학생과 대학생들에게 맡긴다면 그들의 역할과 위상은 달라지지 않을까 생각해 본다. 형식적으로 또는 선언적으로만 미래의 희망인 청소년들을 위하는 것이 아니라 실질적으로 사회가 미래의 희망인 청소년들을 인정해야 한다는 생각이다. 이것은 바로 우리나라의 미래와 희망을 만들어가는 이정표가 될 수 있을 것이다.

교장과 **교사**에게 철저한 **자율권** 보장

핀란드 교육의 중요한 특징 가운데 하나는 학교장과 교사의 자율권 내지는 자치권이다. 한 학교에서 아이들의 교육과 활동에 대해 가장 잘 아는 사람은 교사이고, 그 다음이 교장선생님이라고 모든 국민이 인정하는 나라가 핀란드이다. 간단히 말하면 모든 교육은 학교에 맡기고 학교가 알아서 한다는 말이다.

이 이야기를 좀 풀어보면 어떠한 경우라도 학교에서 발생하는 모든 일에 대해 우선 판단하고 책임지는 사람은 담임교사이고 그 다음이 교장이라는 이야기이다.

그렇기 때문에 교장과 담임교사는 학생을 교육시키는데 대단한 책임과 권한을 가지고 있다. 예를 들면 학부모가 학교를 방문할 때는 반드시 담임과 사전에 상의를 하고 초청장을 받아야 학교를 방문할 수 있고 담임과 상담할 수 있다. 게다가 북유럽의 학교들은 학교의 담장이 따로 없고 대부분 건물 입구가 그대로 학교 출입문이다 보

니 학교의 허락 없이는 학교에 절대 들어갈 수 없는 구조이다. 그렇다고 문턱이 높다는 이야기는 아니지만 학교에서 교사와 교장이 갖고 있는 분명한 위상을 보여주는 한 대목이다. 이렇다 보니 학부모가 학교를 찾아가 행패를 부린다든지 교사에게 말도 되지 않는 행동을 하는 경우는 찾아볼 수 없다.

대신 담임과 학부모들의 상담은 학기 초에 담임이 꼼꼼히 계획을 세우고 이것이 가정통신문을 통해 전달된다. 그리고 상담은 굉장히 구체적으로 이루어진다. 그래서 그런지 학교 선생님과 학부모와의 거리는 굉장히 가깝다. 학부모 상담은 한 학기에 두세 차례 정도 정규적으로 이뤄지고 필요에 따라 추가 상담도 진행된다.

교실에서 필요한 기자재를 구입하는 것도 물론 교사가 알아서 할 수 있는 일이며 불필요한 서류를 제출하거나 결재를 받아서 하는 일은 없다.

또한 초등학교에서 중학교, 중학교에서 고등학교로 올라갈수록 교육 과정에서 기본적인 이수 과목 외에 학생들과 교사 학교장에 의해 결정되는 교과목과 이수 시간이 점점 늘어나게 된다. 이것이 학교의 특성을 결정하는 중요한 요소이기도 하다.

내가 방문하였던 학교 중에 까람진꼬울로(초등학교)는 끼바프로그램(왕따방지프로그램)에 좀 더 많은 시간을 할애하고 있었다. 또 어떤 학교는 농업을 바탕으로 한 생물수업을 특성화하여 수업을 진행하였다.

핀란드의 모든 학교도 우리말로 이야기하면 평준화되어 있는 상황이다. 그런데 그 평준화는 획일화를 의미하지는 않는다. 앞서 이야기한 것처럼 초등학교도 자기학교의 개성을 살릴 수 있는 교육프로그램과 수업 방식을 가지고 다른 학교와 경쟁한다는 것이다. 중·고등학교는 거기에 특성과 개성을 살리는 교과목까지 새롭게 개발하고 신설하면서 자기 학교의 개성과 특성을 강화하고 발전시키는

것이다.

여기에 한 가지 더 이야기 할 부분은 바로 학교 건축의 형태에 대한 것이다. 핀란드의 학교를 방문하여 둘러보면서 느낀 점은 학교가 대단히 입체적이라는 것이다. 학교 건물도 아이들의 창의성과 두뇌 발달, 그리고 교육 목적에 맞게 만들기 위해 노력했다는 것을 느낄 수 있었다. 공동체 공간이라고 할 수 있는 곳은 몇 개 층이 뚫려있는가 하면 교실의 특성에 맞게 교실들이 다 다른 모습을 가지고 있다. 건물은 일자형, 기역자형, 디귿자형 등으로 정형화 되어 있는 것은 거의 없고 학교 하나 하나가 건축예술가들이 설계한 듯 다양한 개성을 뽐내고 있다.

우리나라 학교 건물들은 평면적이다. 반듯해야만 한다는 규칙이 있는 것 같다. 복도와 교실은 다 똑같은 구조이고 책상 배열과 교단도 마찬가지다. 모든 학교 모든 교실이 이렇게 획일화되어 있다. 1학년 교실, 3학년 교실, 명패만 바꿔 달면 아무렇지 않게 사용하고 이용할 수 있는 교실들이다.

이에 비해 핀란드의 학교는 학교마다 다 개성이 있고 아름답기까지 하다. 다만 공통점이 있다면 도서관이 학교의 중심에 자리 잡고 있다는 것과 실내체육관이 대부분 존재한다는 것 정도이다.

이러한 핀란드의 학교 건축양식은 학교 건축양식 지침의 개혁으로부터 비롯되었다고 한다. 개혁의 주요 내용은 학교 건물을 설계할 때부터 교사가 참여함으로써 학교 건물도 하나의 학습 기자재로 여

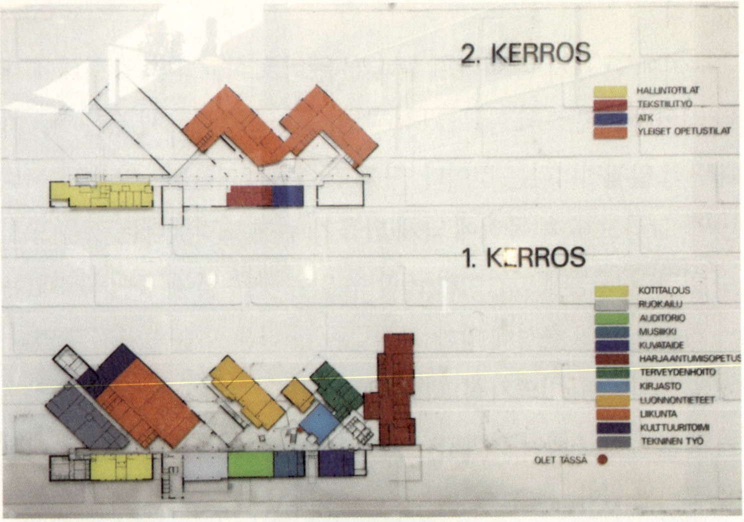
2. KERROS
HALLINTOTILAT
TEKSTIILITYÖ
ATK
YLEISET OPETUSTILAT
KOTITALOUS
RUOKAILU
AUDITORIO
MUSIIKKI
KUVATAIDE
HARJAANTUMISOPETUS
TERVEYDENHOITO
KIRJASTO
LUONNONTIETEET
LIIKUNTA
KULTTUURITOIMI
TEKNINEN TYÖ
OLET TÄSSÄ

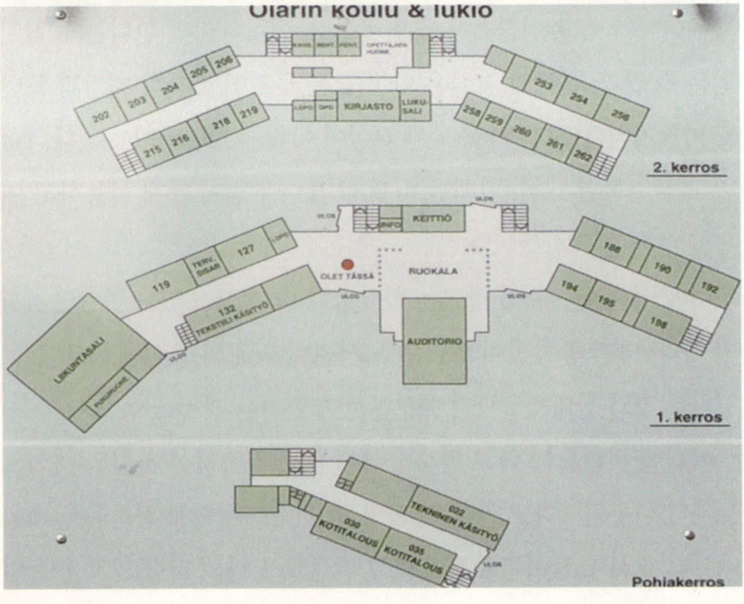
202
203
204
205
206
KIRJASTO
253
254
256
215
216
218
219
258
259
260
261
262
2. kerros
KEITTIÖ
INFO
127
TERV. SISAR
119
OLET TÄSSÄ
RUOKALA
132 TEKSTIILI KÄSITYÖ
LIIKUNTASALI
AUDITORIO
188
190
192
194
195
198
1. kerros
022 TEKNINEN KÄSITYÖ
030 KOTITALOUS
035 KOTITALOUS
Pohjakerros

기고 활용하려고 하였다는 것이다.

이것이야말로 우리가 평준화를 통해 달성하려고 하였던 목표는 아닐까 하고 생각해 본다. 평준화란 모든 학생들이 생활 환경이나 지역적 차별 없이 자신이 하고 싶은 공부를 할 수 있도록 보장하기 위한 제도라고 생각한다. 이는 성적을 통해 이루어지는 것이 아니라 각각의 다양성을 바탕으로 개성을 계발해 나가는 교육이 각 학교마다 이루어져야만 실현될 수 있는 것이다. 개성적인 학교 건물도 음으로 양으로 역할을 미치지 않을까?

☜ 방문했던 학교의 건물 평면도. 아이들의 창의성과 두뇌 발달, 그리고 교육 목적에 맞게 입체적으로 구성되어 있다.

행정실 없는 **학교**, 오직 **가르치는 일**만

핀란드의 학교에는 행정실이 따로 없다. 따라서 행정사무직원도 없다. 굳이 행정직원이라고 하면 교장의 사무를 보조하는 사무보조원 한 명이 있다. 교육청과 그 밖의 여러 기관에서 오는 공문은 누가 처리하는지 궁금해졌다.

교장은 "대부분은 내가 처리한다. 일이 많으면 사무보조 직원이 도와주지만 도움을 받을 정도로 처리할 문서가 많지는 않다."고 말했다.

우리의 학교 현실과는 많이 다른 상황이었다. 그것은 앞에서 이야기한 부분에 그 답이 이미 나와 있다. 학교에 대부분의 책임과 권한이 있고 학교가 알아서 아이들을 가르친다. 교육청과 교육부는 학교에서 필요한 것이 있다고 하면 도와주기만 하면 되는데 특별히 지시하고 감독하고 평가해야 할 이유와 일들이 없는 것이다. 따라서 교사가 수업 외에 행정 공문을 작성하는 일은 거의 존재하지 않는다.

교사는 수업에 충실하면 그만이다. 그리고 교장이 처리하는 문서도 다 전자문서로 처리할 수 있는 시스템을 갖추고 있기 때문에 종이문서를 작성하는 일은 거의 없다.

내가 학교에 다닐 때는 교사가 학생들을 자습시키고 상부에 보고할 공문을 작성한다는 소리를 여러 번 들은 기억이 있다. 30년이 훨씬 지난 지금도 마찬가지다. 아내가 초등학교 교사인데, 가끔 서류를 한 아름씩 집으로 가져와 밤새 컴퓨터와 씨름하는 모습을 종종 보게 된다. 이러한 것이 개선되지 않는다면 교사가 수업에 집중하기 어렵고 그러한 수업에 집중하는 학생들도 없을 것이다.

비근한 예로 여행사를 하면서 느낀 점 중의 하나가 학교와 여행 관련 계약서를 작성하려면 계약의 크기와 관계없이 계약서의 분량이 책 한 권은 된다는 것이다. 나도 그것을 다 읽어보지 않았음은 물론이지만 계약을 담당하는 행정실 담당자도 그것을 다 읽어보고 계약을 작성하는지 의심이 든 적이 한두 번이 아니었다.

또 우리의 교육행정 체계는 어떠한가? 일선학교는 교육지원청으로부터 교육에 대한 지시를 받아야 하고 광역자치교육청의 지시를 받아야 하고 교육부의 지시를 받아야 한다. 학교 수업을 위해서는 교육지원청의 결제를 받아야 하고 광역자치교육청의 결제를 받아야 하고 교육부의 결제를 받아야 한다. 똑같은 일을 중복해서 지시받고 결제를 받다 보니 선생님과 학교는 아이들에게 집중해도 모자라는 열정을 다른 곳으로 분산을 하고 있는 것이다.

만약에 교육에 대한 대부분의 권한을 일선학교에 주게 된다면 기초자치단체에 있는 교육지원청은 필요치 않을 것이다. 그리고 그 인력이 교육의 다른 곳에 투여된다면 교육의 효율성은 훨씬 높아지지 않을까 하는 생각이다. 진보성향의 교육감이 전국에 엄청나게 많이 당선되었다고 하는데 이런 내용이 잘 반영되기를 기대해 본다.

핀란드의 학교는 이처럼 학교의 자율성과 자치가 보장되며 이것이 학교의 개성으로 나타난다. 이것이 바로 현재 세계에서 가장 창의적인 학생들을 키워내는 교육의 원동력이 아닌가 생각한다.

핀란드에는 교육부가 단독으로 존재하지 않고 교육문화부가 존재한다. 교육문화부에는 교육을 담당하는 부서의 장이 있고 이 사람이 각 급 학교의 행정적 지원을 담당해 준다. 우리의 교육부에 비한다면 조직이 굉장히 단순하다. 또한 이 부서의 주요 역할은 정책을 만들고 법을 입안하는 일 등을 주로 하고 나머지는 교육을 지원해 주는 역할을 한다.

핀란드에는 우리나라에는 없는 교육 관련 정부기구가 있는데, 그것은 바로 국가교육위원회라는 조직이다. 국가교육위원회가 교육정책들을 연구하고 제시하는 역할을 하는데 여기에서 일하는 사람들은 행정 관료들은 거의 없고 주로 교육 현장에서 교육을 담당했던 교사들을 비롯한 현장교육 전문가와 교육을 연구하는 연구진들로 구성되어 있다. 2017년 현재 핀란드 교육부의 공무원 수는 100여 명이고 국가교육위원회 공무원 수는 400여 명이라고 한다.

그런데 유럽 여러 나라들의 교육관련 답사를 하다보니 과거 소련의 영향을 받았던 동유럽나라들에 국가교육위원회가 남아 있음을 확인할 수가 있었다. 체코의 국가교육위원회를 방문하였고 오스트리아의 국가교육위원회를 방문했다. 핀란드 국가교육위원회의 유래에 대해 정확히 알지는 못하지만 소련의 영향을 받은 것이 아닌가 하는 생각이다. 이렇게 얘기하면 레드 콤플렉스의 아킬레스가 있는 한국에는 절대 국가교육위원회가 설립되지 않을수도 있겠다는 우스운 상상을 하며…….

국가 표준교육은 없다
핀란드의 **새로운 실험**

핀란드 학교의 자율권과 학습의 독립성 보장은 세계적으로 유일한 새로운 실험을 하는 상황으로까지 발전하고 있다. 그것이 이른바 2016년부터 핀란드의 모든 학교는 교육과정에서 국가 단위에서 학습 목표를 정하고 수준에 도달하게 하는 커리큘럼을 없애는 정책이다. 이렇게 이야기 하면 조금은 오해의 소지가 있어서 설명을 덧붙이자면 기본적인 교육의 목표는 존재하되 이것을 위해 어떤 과목은 무엇을 공부하고 어느 과목은 또 어떤 것을 배워야 하는가를 정하지 않는다는 것을 의미한다. 핀란드 국민이 기본적으로 갖추어야 하는 자유·민주·평등·인권·인류애의 가치등 기본적 가치는 당연히 배워야 할 덕목이다.

2016년 이전에도 핀란드는 학년별 수준 과제를 지정하지 않고 초, 중등학교에서 이루어야 할 목표 정도를 기술하는 것으로 커리큘럼을 정하였다. 이렇게 한다는 것은 학교에게 교육에 대한 대부분의 권한을 위임한다는 것인데 이제는 이것에 더해 아예 국가 수준의 목표를 따로 정하는 것을 없애겠다는 것이다.

이 내용은 두 가지의 중요한 의미를 담고 있다는 생각을 해 보았다.

하나는 각 학교에 교육의 모든 일체 권한을 준다는 의미이다. 교육에 대해서는 전적으로 학교와 교사에게 권한을 위임한다는 것이다.

다른 하나는 핀란드 교육자들이 고민하는 중요한 문제인 21세기 새로운 시대에 대응하는 새로운 교육을 만들어 가는 다양한 모색의 하나라는 것이다. 이제 21세기 교육은 정형화된 지식을 얻는 것 보다는 다양화되고 확대된 문제 해결 능력을 기르는 교육을 중심에 두는 것이 필요하다는 것이 공통된 인식이라면 그것을 어떻게 구체적인 교육 방법으로 만들어 갈 것인가의 문제로부터 이러한 방법을 고민하고 방법으로 제시했다는 생각이다.

모든 학생들의 수준과 생각, 처한 환경이 다르기 때문에 그러한 학생들의 상황에 맞게 교사들이 전적으로 알아서 교육을 하게 하는 것이다.

실제로 내가 2012년 방문하였던 초등학교의 경우 수업시간표를 1주일 단위로 만들고 이것을 아이들과 학부모들에게 알려주는 모습을 보았다. 담임선생님이 수업시간표를 조정하기도 하고 과목을 정하기도 한다. 그리고 교사들은 경우에 따라 두 세개의 과목을 종합적으로 수업을 하기도 하고 한 과목에 다른 과목의 중요한 내용을 결합하기도 한다. 그렇기 때문에 수업은 대단히 통합적이면서도 아이들에게 구체적인 지식을 획득하게 한다는 것을 느꼈다.

그리고 이러한 교재는 각 학교의 교사와 교재를 만드는 출판사의 담당자들의 깊은 논의를 통해 만들어진다. 그리고 이러한 교과서들은 정부의 어떠한 간섭이나 검열 없이 교사와 출판사의 자율로 출판되고 아이들의 교재로 사용된다.

그러다 보니 핀란드의 교사들은 수업하는 시간 만큼이나 교육방법을 고민하는 시간이 길고 교재를 연구하고 만드는 데도 굉장히 많은 시간이 소요된다.

어찌 보면 핀란드의 교사들은 노동 시간은 우리보다 짧을지 모르지만 노동 강도와 책임감에서는 우리나라의 교사들보다도 강할 수도 있다는 생각이 든다.

"넌 **어떤 삶**을 살래?"
교육의 근본은 **종교와 철학**

핀란드의 학교를 방문할 때면 수업 시간표를 종종 본다. 핀란드의 교실 문 앞에는 대개 수업시간표가 붙어 있다. 특이한 것은 종교라는 과목이 있다는 점이다.

참고로 핀란드는 다른 북유럽국가들과 함께 루터교(기독교 중 개신교의 일파)가 전체 국민의 85%를 차지하고 나머지는 러시아정교회와 가톨릭, 기타종교 등을 믿는다.

종교시간이라고 하면 당연히 성경에 대해 배우거나 혹은 예배를 드리는 시간이 아닐까 생각했다. 그런데 교사의 대답은 달랐다. 종교시간은 아이들과 함께 삶의 문제들을 생각해 보는 철학시간으로 이해하면 된다는 것이다. 교사는 "사람들이 공부하는 이유도 그렇지만 내가 어떻게 살아갈 것인가, 사람으로 어떻게 살아가는 것이 잘 사는 것인가 등은 중요한 문제다. 그것에 대해 고민하고 그것을 바탕으로 왜 공부하는지 안다면 훨씬 공부의 능률이 높아지지 않을까?'라고 반문했다.

요즘 우리나라에서는 인문학이 창의융합의 기초라느니 인문학이 발전해야 산업사회에서 인간의 역할과 중요성을 지켜나간다는 등의 이야기들을 많이 한다. 그런데 인문학은 누구를 위한 것이고 왜 필요한 것인가?

핀란드 교사의 이야기처럼 아이들 스스로가 나의 삶을 어떻게 살아갈 것인가를 고민해 보고 정립해 나가면서 그러한 인간으로 살아가기 위한 과정이라는 생각이 바탕에 있지 않다면 인문학이 되었건 전자공학이 되었건 모든 학문은 바람 앞의 등불과 다르지 않을 것이다.

청주시 옥산면에는 교육부 인가를 받은 대안학교인 양업고등학교가 있다. 학교를 설립하고 초대 교장으로 재임했던 윤병훈 신부와 교육에 대한 이러저러한 이야기를 나눌 기회가 종종 있었다. 윤 신부도 우리나라의 많은 학생들이 내가 어떻게 살 것인가, 무엇을 위해 살 것인가 등 철학적 문제에 너무 소홀하면서 시험만 잘 보는 학생으로 성장해 가는 것을 안타까워한다. 그분의 이야기를 빌리자면 '머리는 없고 몸집만 부풀리는 기형아를 만들고 있는 것이 현재의 한국 교육'이라는 것이다.

특히 미래사회는 과학기술과 산업이 극도로 발달한 사회가 될 것이다. 이제 컴퓨터의 발달은 인공지능을 개발하는 단계에 이르렀고 줄기세포 연구 기술은 멀지 않아 대부분의 생명체를 복제하는 단계에까지 이를 것이다. 이런 때에 더욱 더 중요해 지는 것이 바로 철학이 될 수밖에 없다.

이제 시대는 바야흐로 4차 산업혁명을 이야기 하고 있다. 4차 산업혁명의 시대에 더욱더 중요해지는 것이 인간의 가치를 인간 스스로가 지켜내는 것인데 인간의 가치를 스스로 지켜낼 수 있는 확실한 것이 철학인 것은 자명한 이치 아니겠는가?

그리고 그 철학적 바탕이 인간과 인간성의 토대를 강화하는데 결정적 역할을 할 것이다. 내가 어떤 삶을 살 것인지 고민하고 삶의 어떠한 목표를 이루기 위해 하는 공부와, 단지 성적을 잘 내서 그것을 가지고 사회적 지위를 얻고 연봉이 많은 직업을 갖기 위해 하는 공부는 그 출발점부터 다르지 않을까 하는 생각이다.

바로 이러한 문제로 부터도 철학 교육의 필요성은 부각돼야 하는 것이다. 그리고 철학 교육은 우리교육에 잠시 등장했다 사라졌던 철학사를 공부하는 수준에 머물러서는 안 된다. 삶의 문제들을 중심으로 고민하고 토론하는 철학시간은 우리의 교육과정에 반드시 들어가야 한다. 철학적 바탕과 철학 교육이야 말로 핀란드 교육과 유럽 교육과정에서 받아들여야 할 내용이 아닐까 하는 생각이다.

제3장

인간존엄과 생명존중, 세상이 다 학교다

핀란드인은 **다 농부다**
가정 · 학교에서 농사 체험

헬싱키와 에스포, 반타는 우리나라로 치자면 수도권에 속한다. 핀란드는 농사지을 품목이 많거나 수확량이 많은 기후는 아니지만 땅은 굉장히 넓다. 도시들을 지나다 보면 작은 원두막처럼 생긴 집들이 모여 있는 곳들을 종종 보게 된다. 원두막처럼 생겼지만 사방이 막혀 있어서 어떤 용도인지 궁금했다. 알고 보니 그곳은 우리의 주말농장처럼 가족들이 와서 농사를 지을 수 있도록 만들어 놓은 가족농장이었다.

날씨가 워낙 춥다 보니 우리나라의 경우 사방이 터져 있는 원두막에서 휴식을 취하지만 이들은 사방을 막아놓은 공간에서 휴식을 취하는 것이다. 그리고 주말에는 이곳에서 숙식을 하며 생활하는 공간이라는 것이다. 이러한 가족농장은 대부분 시정부나 지방자치단체에서 관리하며 시민들에게 임대해 주기도 한다. 아이들을 키우는 대부분의 부모들은 이러한 가족농장을 임대하고 아이들과 함께 농사를 짓는다. 이러한 가족농장만 있는 것이 아니라 대부분의 학교에도 농장이 있어서 모든 아이들은 가정에서나 학교에서 부모님이나 친구들과 함께 자연스럽게 농사짓는 경험을 하게 된다.

한때 농사를 지어본 사람으로서 핀란드 아이들이 우리나라에 비해 생명존중에 대한 생각과 그것을 바탕으로 인간존중의 의식을 가질 수 있는 토대를 갖추고 있다고 느꼈다. 옛 어른들이 '농자천하지대본'이라고 말했는데, 그 의미가 단순히 그 시대의 주요산업이 농업이기 때문에 농업의 중요성을 이야기한 말만은 아니라고 생각한다. 큰 농사를 짓든 작은 농사를 짓든 씨를 뿌리고 작물을 키워본 사

람은 느낄 수 있는 것이 있다. 바로 생명의 존엄과 노동의 중요성이다. 내 생명을 지탱해 주는 것이 농사를 짓고 곡식을 거두기 위해 땀 흘린 노동의 산물이라는 것을 알고, 그 하나 하나의 생명들이 나를 살게 하는 소중한 밑거름이라는 것을 농사를 통해 배우고 느끼는 것이다.

핀란드의 모든 아이들은 이렇게 가족, 친구들과 함께 농사를 짓는 과정을 몇 년에 걸쳐 진행하면서 자연과 사람의 생명을 소중하게 생각하는 인성을 훌륭히 키워낼 수 있을 것이다. 그런데 여기에는 국가와 지방정부가 도움을 주기는 하지만 오랜 기간 유럽사회가 발전하면서 만들어진 문화적 측면도 있다.

그것은 바로 가족중심의 문화와 자급자족의 문화적 전통으로부터 비롯됐다는 생각이다.

내가 살고 있는 청주에는 무심천과 미호천이 있다. 하천 주변은 4대강 사업으로 운동기구들이 늘어서 있고 자전거도로가 포장되어 있는 모습을 볼 수 있다. 내 짧은 생각으로 저 넓은 땅에 농지를 조성하고 시민과 학생들이 농사지을 수 있는 공간으로 활용하면 얼마나 좋을까 하는 생각을 해본 적이 있다.

그런데 환경운동을 하는 친구의 생각은 달랐다. "하천부지에서 농사를 짓게 되면 비료나 거름을 주게 되고, 비가 오면 그 부유물들이 하천으로 흘러 하천이 오염된다."고 핏대를 세웠으니 말이다. 나중에 다른 경로를 통해서 들어보니 현재 우리나라의 하천부지에서는 농업을 금지하는 것이 법률로 제정되어 있다고 한다.

그렇지만 학교와 가정을 통해 농업을 체험하게 하는 다양한 방법은 반드시 모색되어지고 실행되어야 할 과제다. 현재 사용되지 않는 국유농지나 지방정부의 농지가 많이 있는 것으로 알고 있다. 이러한 땅을 택지를 개발해 지금 당장의 이익을 얻는데 그치지 말고 대한민국의 미래 발전을 위해 학생들에게 또는 시민들에게 농사를 지을수 있는 땅으로 임대해 준다면 어떠할까? 이것은 우리의 농업발전과도 밀접한 관계가 있다고 생각한다. 아이들이 농사를 지어보고 농업을 체험한다면 그 아이들이 어른이 되어 농업에 종사하지 않더라도 농업과 농산물에 대한 애착은 높아질 것이다. 국민들이 우리농업에 대한 애착과 긍지를 가져나가게 하는 것이 바로 우리농업을 지켜가는 훌륭한 방법으로 국가가 풀어야할 과제가 아닐까?

남녀 구분 없이
목공, 바느질, 뜨개질까지

핀란드 학교에서 눈에 띄는 또 하나는 목공실과 가정·가사 실습실이다. 목공실에서는 남학생과 여학생 구분 없이 목공작업을 한다. 톱을 사용하고 각종 공구를 사용하는 모습이 조금 위험해 보이기도 했지만 안전교육에 심혈을 기울이고 안전장치도 잘 갖추어져 있어 사고가 발생하는 일은 거의 없다고 한다. 특히 실과 수업은 한 반에 열여섯 명 이내로 한다는 원칙을 적용한다. 보통 한반이 20~26명 정도이니 한 반을 반씩 나누어 실과 수업을 진행한다는 이야기다.

이런 광경은 초등학교에서만 볼 수 있는 것이 아니다. 중·고등학교에도 목공실은 있고, 학생들은 무엇인가를 만드는 일에 몰두한다. 초등학교에서는 조금 간단한 물건들을 만들고, 중·고등학교에서는 제법 그럴듯한 가구를 만든다는 차이뿐이다. 우리나라 중등교육현장에서는 관련 특성화고등학교나 대안학교가 아니면 목공을 가르치지 않는다.

나도 한때 인가 대안학교인 양업고등학교 방과후교실에서 아이들에게 목공을 가르치는 자원봉사를 한 적이 있다. 그때는 학교가 개교한지 얼마 되지 않아 목공수업의 체계가 잡히지 않은 상황에서 대목을 조금 배운 내가 아이들과 함께 톱질하는 방법과 대팻날 가는 방법, 대패질하는 법 등 간단한 기술을 전수했다. 그때도 아이들의 눈빛이 변해가는 과정을 느꼈다.

목공실과 나란히 붙어있는 가정·가사실습실에서도 학생들은 분주하다. 어떤 학생은 무슨 요량인지 가위로 천을 오리고 있었고, 어떤 학생은 재봉틀 앞에 앉아 박음질을 한다. 그 옆 교실에서는 교사와 학생이 마주보고 앉아 뜨개질에 여념이 없다. 특히 이 모든 수업은 남녀 구분 없이 진행된다. 특히 남학생들이 앉아서 뜨개질하는 모습은 매우 인상적이었다. 내가 학교 다닐 적을 생각하면 가정·가사는 여학생만 배우고 기술이나 농·공·상업은 남학생들의 몫이었다. 이런 나의 성장 과정이 핀란드 학교의 모습을 낯설게 느끼도록 만든 것이다.

핀란드 학교의 시설들과 수업을 참관하면서 느낀 점은 핀란드의 학생들은 우리나라에서는 소홀히 다루기도 하는 과목인 가정·가사 등 실생활에서 꼭 필요한 수업과 예체능도 중요한 이수과목으로 여긴다는 것이다. 특히 모든 수업은 실생활과 연관시켜 교육함으로써 학교를 마치고 사회에 나갔을 때 대부분 실생활에 사용할 수 있는 것들을 가르친다. 학생들도 이러한 수업을 좋아하고 열심히 수업에

참여한다.

핀란드 학교에서는 인성교육이나 전인교육이라는 말을 굳이 드러내지 않는다. 다만 핀란드의 교육목표를 '모든 학생을 사회에 이바지하게 한다.'라는 말로 요약할 수 있다. 모든 아이들이 자신들의 능력을 발굴하고 발전시켜서 사회의 훌륭한 구성원이 되도록 한다는 뜻이다. 한 명의 낙오자도 없이 '모든 아이들'을 그렇게 하겠다는 것이다. 우리나라에서 교육받은 사람들이 들으면 욕심이 많이 들어있는 목표라고 느끼기에 충분한 이야기이다.

이러한 실과 교육에 대해 장수명 한국교원대 정책대학원 교수는 "북유럽의 전통과 문화를 지키는 교육이기도 하다. 북유럽은 전통적으로 목재를 이용한 여러 가지 문화와 산업이 발전하였는데 학생들이 배우는 목공은 당연히 그들의 전통문화라고 이야기 할 수 있다."고 귀띔해 주었다. 이러한 지적을 한국 교육에 접목시킨다면 우리의 전통문화는 얼마나 더 풍부한 수업 거리가 되겠는가. 초등학교에서는 아이들과 함께 전통 한지를 만들어서 공예품을 만들어 보고 중고등학교에서는 4~5분의 1 크기의 한옥을 만들어 볼 수 있는 우리의 교실을 만드는 것은 나만의 꿈일까?

'전인교육을 추구한다.'면서 정작은 성적순으로 나라의 동량을 만들어 내는 우리나라와는 현실적인 거리가 있다.

핀란드 교육부가 정해놓은 기초종합학교(우리나라의 초·중학교) 이수 과목을 살펴보면 국어, 수학과 예체능의 비중이 크게 다르지 않다. 또한 교과 과정에 나와 있는 모든 과목을 아이들과 확실하게 공부해 나간다는 것이다. 저학년의 경우에는 수학을 배우지 않기도 한다. 그리고 저학년의 경우 체육에 할애하는 시간이 많다.

그런데 중요한 것은 이러한 교육 과정이 몇몇 정치인들이나 교육자들의 책상에서 나온 정책이 아니라 많은 교육전문가들의 연구에 기반하고 현장교육자들의 의견을 충분히 수렴해서 만들어졌다는 것이다. 목공이나 실과 수업, 체육 과목을 적정하게 안배하여 교육 과정에 넣은 이유는 큰뇌와 작은뇌 발달의 균형을 유지시킴으로써 뇌 발달을 더욱더 촉진시켜낼 수 있기 때문이다. 또 그 과정에서 손과 발 그리고 육체의 훈련 또는 발달이 이뤄진다.

"날씨 좋을 때 **놀아라**" 여름방학만 **두 달 반**

핀란드는 겨울이 길고 여름이 짧다. 그런데 오히려 겨울방학은 길지 않고 짧은 방학 몇 개로 나뉘어져 있다. 크리스마스와 새해를 맞이하는 방학이 보통 1~2주, 봄에 이루어지는 부활절 방학 1주 등이 전부다. 이에 반해 기온이 15~26도 정도로 우리가 생각하기에는 쾌적한 날씨인 여름에는 6월 첫째 주에 방학이 시작돼 8월 마지막 주에나 개학을 한다. 날씨가 좋을 때 놀아야 한다는 것이 그들의 생각이다. 2개월 반이나 되는 여름방학동안 핀란드의 아이들은 무엇을 하며 지낼까?

학부모들도 학생들의 방학에 맞추어 휴가를 낸다. 놀라운 것은 학부모들의 휴가 기간도 학생들의 방학 기간 못지않게 길다는 점이다. 핀란드 학생들과 학부모들은 여름방학과 여름휴가를 1년 내내 기다리며 계획을 세워나간다. 대부분의 아이들과 어른들은 방학 때 함께 해외여행을 떠난다. 어린 학생들은 유럽을 여행하기도 하고 좀 더 자

라면 아시아나 미주 등 전 세계를 여행한다. 가족들은 1년 동안 함께 여행할 여행지를 알아보고 호텔을 예약하며 휴가 계획을 세운다. 특히 북유럽 사람들이 좋아하는 여행지는 동남아 국가들이다. 북유럽에서는 느낄 수 없는 강한 햇볕과 뜨거운 날씨 속에서 그들만의 여행을 즐긴다.

여행의 방식도 가족들이 함께 배낭을 메고 세계의 곳곳을 속속들이 돌아보는 식이다. 우리가 흔히 알고 있는 배낭여행보다도 더 느리게 여행한다. 이들의 여행 기간은 보통 짧으면 2주에서 길게는 4

주 정도이다. 그리고 그 여행은 거의 매년 연례 행사처럼 진행된다. 핀란드 아이들이 고등학교를 졸업할 때쯤이면 전 세계에 웬만한 곳은 다 돌아볼 정도가 된다.

여행을 마치고 난 핀란드의 아이들과 어른들은 남은 휴가 기간을 핀란드인들이 가장 좋아하는 여름별장에서 지낸다. 핀란드를 대표하는 자연이 바로 나무와 호수인데, 대부분 호숫가에서 나무로 지어진 가족별장을 볼 수 있다. 핀란드의 가족별장은 우리가 생각하는 별장처럼 화려하지는 않다. 별장이란 그저 인간과 자연이 함께 어우러질 수 있는 보금자리라는 개념이 분명한 것 같다. 그래서 비와 바람을 막을 수 있는 공간에 취사를 할 수 있는 정도의 시설이 대부분이다. 톰 아저씨의 오두막집에 나오는 그러한 오두막집이 바로 핀란드인들이 여름을 보내는 가족들의 여름별장인 것이다.

이렇듯 소박한 오두막 별장이지만 그 유명한 핀란드 사우나는 있다. 다만 시설이 화려하거나 크지는 않아서 이를 처음 접하는 한국인들은 실망감을 느낄 정도다. 진짜 핀란드식 사우나는 나무를 때서 돌을 뜨겁게 만들고 거기에 물을 뿌려서 온도와 습도를 높이는 그야말로 원시적인 형태의 사우나이다.

그런데 놀랍게도 대부분 별장에는 전기시설이 없다. 따라서 현대적 편의시설인 TV, 전등, 전화 등도 사용할 수 없다. 가족들은 이러한 별장에서 땔감을 이용해서 음식을 요리하고 나무를 때서 사우나를 즐기는 것이다. 물론 밤에는 촛불이나 등잔불을 켠다. 그리고 대부분의 시간은 유유자적하면서 산책을 하거나 책을 보는 것이다. 이러한 별장 생활은 북유럽 대부분 나라의 문화이기도 하다. 그리고 그 별장 문화에도 몇 가지 역사와 철학이 내재되어 있다는 사실을 알게 되었다.

하나는 북유럽 별장의 바깥색은 대부분 붉은색을 띠고 있다. 이것은 예전 바이킹들이 어렵게 생활할 때 바깥 도색을 고래 피로 해오던 전통에서 비롯되었다고 한다. 그리고 대부분의 별장들은 검소할 뿐 아니라 정형화되어 있어서 대량으로 생산할 수 있으며 대량 생산된 별장들을 크레인으로 운반한 뒤 호수 옆 공간에 내려놓으면 별장이 되는 개념이다. 바이킹시대부터 전통적으로 내려왔던 평등주의가 반영된 것이다. 핀란드인들의 무한한 창의성과 집중력, 그리고 학습의 효율성 등은 이같은 여행과 별장 생활에서 나오는 것은 아닐까?

실제로 이런 이야기는 빌게이츠의 일화에도 등장한다. 그는 '생각주간'이라는 특별한 휴가를 태평양의 어느 섬에서 보내는데 그 생각주간에는 전화도 TV도 없이 생각에만 몰두한다는 것이다. 그는 이러한 시간을 통해 수많은 창의적인 생각들을 만들어 냈다고 한다.

현대의 복잡한 생활과 환경에서 벗어나 자연과 하나 되어 순응하면서 살아가는 시간을 가질 수 있다면 이것처럼 훌륭한 휴식이 또 어디에 있을 것인가? 요즘 우리나라에서도 '힐링' 이라는 단어가 자주 등장을 하고 캠핑 문화가 많이 보급되고 있다. '힐링'의 핵심은 바로 몸과 마음의 제대로 된 휴식이라고 생각한다. 그런데 핀란드와 북유럽인들에게는 이미 일상의 일부가 되어있다.

내가 이러한 핀란드의 문화 중 휴식을 특히 강조하는 이유는 다름이 아니라 우리나라의 아이들이 처한 현실이 너무나 안타깝기 때문이다. 우리 아이들은 중학생만 되면 밤늦게까지 학원에 다녀야 한다. 방학에도 학교에 나가 보충수업을 하며 많아야 1주일인 방학조차 과외수업에 빼앗겨 버리는 우리나라 학생들의 상황은 결코 정상적이지 않다. 힐링과 휴식은 성인들에게만 필요한 것이 아니다. 오히려 아이들에게 꼭 필요한 것이 바로 제대로 된 휴식과 힐링이다.

자라면서 시간에 쫓기듯 삶을 살아가고 배워간다면 이들이 성인이 되어서도 노동과 휴식이 적절하게 조화되는 삶을 만들어 나갈 수 없을 것이다. 그런 삶이 행복할 수 없다. 아이들은 제대로 된 휴식과 공부를 병행해야 하고 이들이 자라서는 노동과 휴식이 적절히 조화된 삶을 살 수 있어야 한다.

앞에서 핀란드 아이들의 방학생활과 가족농장체험 등을 소개했다. 이는 학교에서 이루어지는 교육과정은 아니지만 교육과정 못지않게 아이들의 성장에 영향을 미치는 중요한 과정과 절차다. 여기에서 주목하게 되는 것이 학부모들의 역할이다.

나는 여러 학교를 방문했고, 가이드 일을 도와주는 교민들이나 현지에서 한국식당을 하는 교민들을 많이 만났다. 이에 비해 핀란드 현지인들과 대화는 지극히 제한적이었고, 대신 핀란드 교사들을 통해

가정교육에 대해 전해들은 것이 대부분이다.

그럼에도 불구하고 우리나라와 비교되는 몇 가지 사실들이 있기에 소개하고자 한다. 우선 핀란드의 학부모들은 아이들의 조력자로 머문다는 사실이다. 앞서 언급했지만 핀란드 학부모들은 아이들과 가족여행을 다니고 오두막 생활도 같이 할 정도로 많은 시간을 함께 보낸다. 그렇지만 공부나 진로와 관련해서는 선생님과 많은 상담을 하면서도 아이들의 결정을 늘 존중하고 따른다는 것이다. 하다못해 수업이 끝나고 방과 후 시간을 어떻게 활용하는가에 대해서도 부모는 간섭하지 않는다. 그러다가 고등학생이 되면 준(準)성인, 반(半) 독립적인 삶을 살아가게 되고 대학생이 되면서부터는 사회에 나가 독립된 생활을 한다.

또 한 가지 중요한 차이점은 우리가 사소하게 여기는 부분까지도 아이들과 늘 함께 한다는 것이다. 아침이나 저녁식사는 물론이고 여가시간을 늘 아이들과 함께 하는 것이다. 30년 전에는 우리도 그렇게 살았었다. 과거 어느 대통령후보가 '저녁이 있는 삶'을 슬로건으로 내걸었는데, 핀란드 사람들은 이를 당연한 문화로 여긴다. 가족간의 사랑을 느끼고 확인하는 삶은 자라나는 아이들에게는 든든한 버팀목이 될 것이다.

제4장

방법론에도 그들의 철학이 있다

“틀려도 좋으니 **네 생각**을 애기해”

핀란드 교육현장에서 느낀 특징 가운데 하나는 아이들의 표현력이 뛰어나다는 점이다. 핀란드의 시험에는 여러 개 중에 답을 고르는 이른바 ‘사지선다’형이나 ‘오지선다’형의 문제 출제가 없다. 핀란드 학생들은 어떠한 형태가 되었든 스스로 생각하고 스스로 답을 찾아 가는 학습을 반복한다. 스스로 표현하지 않고 자신의 생각을 사람들과 공유하지 못한다면, 자칫 불통으로 이어질 수 있다는 사회 소통의 기본적 원리를 어릴 때부터 자연스럽게 배우고 있다는 느낌을 받았다.

핀란드 어느 초등학교의 1학년 수학시간이었다. 교실에는 담임교사와 수업을 보조해주는 보조교사, 그리고 우리나라로 말하면 교생실습을 나온 교사, 이렇게 세 명의 교사가 학생들을 지도하고 있었다. 우리나라의 일반적인 교실 모습과는 사뭇 다른 풍경이다. 이 학교의 교장은 “1학년이 교육하기 가장 어려운 학년이라 담당 교사들

이 다른 학년에 비해 많다."고 설명했다.

수업 진행 과정은 더욱 인상적이었다. 스마트 보드를 사용하여 인터넷, 컴퓨터와 연계하여 수업을 진행하고 있었다. 여기까지야 우리나라에서도 볼 수 있는 풍경이다. 그때가 5월이었는데 작년 8월에 입학한 학생들이라고 했다. 핀란드 대부분의 초등학교가 오전 8시에 시작하는 것으로 알고 있었는데, 우리가 방문했던 오전 9시경에도 등교하는 학생들이 있었다.

지각생이려니 생각했는데, 교사의 말은 학생들 중의 반은 수업을 한 시간 늦게 시작한다는 것이었다. 이유는 교사가 판단하기에 집중력을 높여야 하는 과목이나 수업, 예컨대 수학과목 같은 경우에는 아이들의 학업 성취도를 높여야하기 때문에 한 반의 학생 수를 반씩 나누어 수업을 진행한다는 것이었다. 따라서 같은 반 학생임에도 일부는 늦게 등교할 수 있다. 그 교사는 1주일에 나흘 정도는 이렇게 학급을 반으로 나누어 수업한다고 했다. 결국 일찍 온 학생들이 일찍 그 수업을 받고 1시간 일찍 귀가를 하게 되면, 늦게 등교한 학생 반을 데리고 같은 수업을 진행한다는 것이다. 이러한 결정은 담임선생님이 알아서 내린다. 수업진행이나 수업방식은 담임교사의 고유권한이기 때문이다.

수업방식은 교사가 일정시간 수학교과서에 나오는 내용들을 설명한다. 문제를 풀어가는 방법 등을 설명한 후 간단한 문제들을 풀어간다. 그리고 문제를 풀어가는 과정에서 교사와 학생들의 끊임없는 질문과 대답이 오간다. 대략 15분정도 되는 이 과정에서 학생들은 스스럼없이 자신들의 의견을 개진했다. 마치 수업시간이 아닌 일반 학급 회의처럼 학생들은 자신들의 생각을 주저없이 이야기했고, 담임교사와 보조교사는 모든 학생들이 발표를 고르게 많이 할 수 있게 배려했다.

교사들은 학생들이 정답이 아닌 오답을 이야기해도 그 자리에서 즉시 잘못을 지적하는 것이 아니라 그 의견을 제시한 이유가 무엇인지를 먼저 물었다. 그리고 질문에 대한 답변을 들은 뒤에 그 학생에게 다가가 잘못 알고 있는 부분에 대해 설명해 주는 장면이 인상적이었다. 물론 이러한 역할은 보조교사와 실습교사의 몫이었다. '1+1=2'라는 정답이 정해져 있는 수학시간을 이처럼 진행하는 모습은 낯설지만 흥미로웠다. 교사들은 학생이 어떤 과목이나 수업에 대해 흥미를 잃지 않게 하는 것을 최우선의 목표로 하는 듯했다.

그리고 수학수업과 관련하여 재미있는 이야기를 들을 수 있었다. 우리가 흔히 알고 있는 구구단을 3학년부터 6학년까지 가르친다는 이야기였다. 나도 초등학교 때 구구단을 열심히 외웠던 기억이 있다. 초등학교 2학년 때인지 3학년 때인지 헷갈리지만 짧은 시간에 외우느라 고생했던 기억이 있다. 다행히 나는 선생님에게 손바닥을 맞지 않았지만 어떤 친구들은 구구단을 외우지 못했다고 손바닥을 맞기도 했다. 세월이 많이 흘렀지만 내 딸들도 나처럼 구구단을 외웠다.

핀란드 초등학교 교사는 나에게 아주 당연하다는 듯이 말했다. "내가 직접 이해하는 지식이 나의 지식입니다. 그냥 외우는 것은 절대 나의 지식이 될 수 없습니다." 아주 단순하지만 얼마나 소중한 진리인가? 외우는 것은 그냥 그런 것이 있다는 것을 아는 것이지만 왜 그렇게 되는지를 분명히 이해하면서 알게 된다면 그 지식은 절대 나의 머리에서 잊히지 않기 때문이다.

이것은 단지 수학만의 문제가 아닌 것을 핀란드 교육은 보여주는 듯했다. 모든 아이들이 스스로 알게 하는 교육, 그것이 바로 핀란드 교육이 가지는 강점인 것을 이해하는데 그리 오랜 시간이 걸리지는 않았다.

하나를 알더라도 내 것이 되어야 평생을 가는 나의 지식이 될 수 있다고 생각한다. 많이 알아서 시험을 잘 보게 만드는 것보다 하나를 알아도 제대로 알아서 나의 삶에 실제적 도움이 되게 만드는 교육이 되어야 하는 것이다.

학교별 **평가는**
경쟁이 아니라 **지원 목적**

한번은 타이완을 다녀온 후배와 대화를 나눈 적이 있었다. 그 후배는 타이완을 다녀와서는 타이완의 경제에 대해 좀 알게 되었는지 자신있게 나에게 질문을 던진다.

"선배, 나라경제가 발전하기 위해 무슨 정책을 펼쳐야 하는지 알아요?"

뜬금없는 질문에 이 후배가 무슨 이야기를 하고 싶어 그러는지 알 수가 없어서 그냥 얘기해 달라고 했더니 후배는 자신 있게 말했다.

"그 나라의 중소기업을 지원하면 되는 겁니다. 대기업은 나라에서 지원하지 않아도 알아서 사업을 충실히 잘할 수 있고 세계의 유수기업들과도 경쟁할 수 있는 힘이 있습니다. 그런데 중소기업은 아직 그런 기술력이나 자금력이 부족하기 때문에 그들을 지원하고 육성해서 경쟁력을 가진다면 그 나라 경제는 당연히 발전할 수 있습니다."

이야기를 하는 모습이 마치 무슨 대단한 진리를 발견한 사람처럼 자신있게 말을 하였다. 타이완이란 나라는 장제스 집권 시기 중소기업 육성을 통한 경제 발전 정책을 통해 안정적으로 경제 발전을 이룩한 나라로 알고 이야기를 했던 것이다.

왜 이렇게 뜬금없이 타이완 이야기를 했는가에 대해서 설명을 하려한다.

핀란드에서도 학교별 학력 평가는 이루어지고 있었다. 우리나라의 전국 일제고사처럼 핀란드 전체 학생들을 대상으로 실시하는 시험을 실시하고 있었다. 이러한 시험은 의무교육을 시행하고 있는 1학년부터 9학년까지의 기초종합학제의 학교에서도 전국적으로 날짜를 지정해서 시행을 하고 인문계와 실업계 고등학교에서도 날짜를 지정해서 실시한다. 그 이유는 당연히 현재 핀란드 학생들의 학업 성취 상황이 어떠한가를 파악하기 위한 이유이고 또 다른 하나는 학력이 부족한 학교와 지역 등을 파악하기 위한 이유였다. 부족한 학교를 파악하는 이유는 전체 학생들이 일정한 수준의 학력 성취를 이루어야 한다고 생각하기 때문이다. 그것이 제대로 되지 않는 학교가 있다면 원인을 분석하고 그것에 근거해서 부족한 부분을 지원하기 위해서이다.

이 문제를 바라보는 핀란드 교육당국의 태도는 대단히 진지하다. 바로 모든 학생들을 책임지고 인재로 만들기 위한 방법인 것이다. 모두를 성공한 사람으로 교육시키고 한 명의 낙오자도 만들지 않겠다는 핀란드 교육당국의 입장이기도 한 것이다.

이것은 교육당국으로서는 대단히 중요한 책임이기 때문에 늘 전국의 학교들이 뒤처지지 않고 교육을 제대로 하고 있는가를 파악하고 부족하다고 판단되면 보다 많은 지원을 통해 문제를 해결해야 하는 것이다.

우리나라에서 실시하는 시험과는 사뭇 다른 이유와 목적을 가지고 실시하는 학교별 평가였다. '○○○년 학력평가 전국1위', 지역교육청 담벼락에 흔히 나붙는 현수막을 핀란드인들이 본다면 어떤 생각을 할까?

핀란드 교실에서는 다양한 형태의 책상 배열을 발견할 수가 있다. 이는 과목에 따라서 수업의 내용에 따라서 앞으로는 한 학기에 한두 번 진행하게 되는 현상학습의 주제에 따라서 그 모양은 여러 가지로 나타날 것이라고 생각한다.

핀란드에서는 다양한 형태의 그룹형 수업을 진행한다. 공동으로 과제를 해결해 나가는 프로젝트 해결 방식의 수업들이 다양하게 진행된다는 것이다. 교육은 협력을 통한 문제 해결이라는 생각이 기본으로 있기 때문에 이루어지는 수업방식이다. 그리고 그룹의 형태는 어떤 경우에는 1, 2, 3학년이 한 그룹에 속하기도 하고 한 학년에서 공부를 조금 잘 하는 아이들과 조금 뒤떨어지는 아이들이 한 그룹에 속하기도 하는 등 다양한 형태의 모습을 띤다. 우리나라의 경우처럼 우열반으로 나누어 만드는 그룹은 아예 상상조차 할 수 없다고 이야기 한다.

한 학교 안에서부터 학교 전체가 교육의 공동목표인 모두의 능력을 발굴해 내는 것에 목적을 두고 모두의 잠재적 능력을 계발하기 위해 노력하는 것이 중요한 것이지 학교별 개인별로 평가를 하고 순위를 정하는 것은 그다지 교육적이지 않다고 생각하는 것이다.

특히 평가를 할 때에는 표본을 추출해서 샘플을 평가하는 방식을 택하고 있다고 한다. 어떤 해에는 언어를 평가하고 어느 해에는 수학 그리고 평가의 대상에는 공예는 물론 학생들의 모든 학교 생활이 평가의 대상이 된다고 한다.

샘플링 평가를 하는 이유는 이러한 평가가 학교를 평가하기 위해서도 학생을 평가하기 위해서도 학교별 순위를 정하기 위해서도 아니기 때문이라고 한다. 평가결과는 개별 학교에만 돌려주어 개별 학교가 이후 교육계획을 수립하는데 중요한 지표로 활용하면 된다는 것이다.

'핀란드와 다른 나라의 교육과정의 차이를 말하자면, 다른 나라는 토마스 소스를 만드는 과정과 방법을 학습하는 것이라면 핀란드는 영양이 충분한 음식을 만드는 것을 학생들이 알게 하는 것이다.' 라고 이야기한다.

학교가 유연성을 가지고 그때그때 교육방법을 개선해 나갈 수 있기 때문에 국가는 교육과정을 자주 바꾸거나 지침을 자주 내릴 필요가 없다는 것이다.

완벽한 **모국어**가 **외국어** 통달의 비결

앞에서도 이야기했듯이 핀란드의 아이들은 표현력이 굉장히 뛰어나다. 학교를 방문하면 아이들이 하나같이 거리낌없이 다가와 반갑게 인사한다. 정말 밝고 맑은 표정이다. 초등학교 3~4학년 아이들인데 영어가 자연스럽다. 유럽의 비영어권 나라 가운데 영어를 가장 잘하는 나라는 어디일까? 정답은 핀란드와 스웨덴이다.

내 주관적인 생각이라는 것을 전제하고 지금부터 핀란드 사람들이 영어를 잘하는 비결을 공개한다. 우선 핀란드 학생들의 교육과정을 살펴보자. 핀란드 유치원에서는 영어를 가르치지 않는다. 아이들이 영어를 처음 접하는 때는 초등학교 3학년이다. 이때부터 영어를 배우는데도 초등학교 5·6학년이면 간단한 문장이지만 자유롭게 영어를 구사하는 모습을 목격할 수 있다. 아이러니하게 들리겠지만 비결은 핀란드어를 열심히 가르치는 것이다.

앞에서 설명했듯이 유치원에서는 노는 것을 가장 중요하게 생각하고 가르친다면 초등학교 1·2학년에서는 핀란드어 교육을 가장 중요하게 생각하고 많은 시간을 할애하여 가르친다. 내가 방문했던 학교에서 초등학교 1·2학년 때 모국어와 문학시간은 주당 10시간을 차지했다. 반면 수학시간은 3시간이고, 생물과 지리를 합한 시간은 2시간이었다. 국어와 문학을 합한 시간 외에는 주당 10시간이 넘는 과목이 없었다. 3학년이 되면 영어를 주당 2시간 교육한다.

핀란드에서는 핀란드어를 제대로 배우면 영어는 저절로 배울 수 있다고 생각한다. 이것은 옆 나라인 스웨덴도 마찬가지다. 다만 스웨덴은 핀란드보다 이민자가 많기 때문에 스웨덴어 교육이라고 하지 않고 모국어 교육이라고 표기한다. 바로 모국어를 이해한다는 것은 언어를 이해하는 것이고, 언어에 대한 나름의 이해가 확실하면 다른 언어를 이해하고 배우기 쉽다는 논리다.

그런데 핀란드의 핀란드어 수업은 우리의 국어시간과는 조금 차이가 느껴졌다. 아니 차이라기보다는 조금은 긴장감이 느껴졌다. 핀란드의 역사에서도 알 수 있듯이 핀란드인들이 생각하는 핀란드어는 핀란드 자체이다. 스웨덴의 600년 지배 과정과 러시아의 100년의 지배 과정 등을 거치면서도 잃지 않고 지켜온 것이 바로 자신들의 언어이기 때문이다. 핀란드에서 언어학을 공부한 정도상 박사는 핀란드어가 세계에서 가장 배우기 어려운 언어 중 하나라고 말한다.

그런데 핀란드어 시간은 단순히 핀란드어를 쓰고 읽는 수준을 넘어서 핀란드어를 제대로 듣고, 말하고, 읽고, 쓰기를 확실하게 가르

친다는 것이다. 단순하게 핀란드어만 가르치는 것이 아니라 문학시간을 함께 편성해서 교육하는 것이다. 자신의 생각을 말과 글로 표현하는 것을 매우 중요하게 생각하고 교육시킨다는 의미다. 모국어를 분명히 알아야 이후 교육과정에서 교육내용을 제대로 이해하고 배울 수 있다는 것을 분명히 알고 있기 때문이다.

어찌 보면 핀란드에서 노는 것 다음으로 중요한 공부가 바로 핀란드어인 것 같다. 그래서 중학생만 되면 아이들이 스스로 논문을 쓰고 그것에 대해 서로 논의하고 토론할 수 있는 능력을 갖추게 되는 것이다. 자신의 생각을 표현하는 방법으로써 말하기와 글쓰기, 다른 사람들의 생각을 이해하는 방법으로써 듣기와 읽기를 공부해 나가니 우리와 비교했을 때 하늘과 땅만큼이나 차이가 느껴진다.

《북유럽의 외로운 늑대! 핀란드》의 저자이기도 한 정도상 박사는 이 책에서 핀란드 영어교육의 강점에 대해 ▲모국어 기반교육 ▲쓰기교육의 강화 ▲영어로 이루어지는 수업의 유연성 ▲사지선다형 시험의 배제 ▲한 방향으로 치우친 교육의 배제 ▲제한된 교육과정의 철폐 ▲영어교사들의 전문성 등을 이야기 하고 있다. 내가 내린 결론은 '핀란드어를 제대로 가르치는데 핵심적인 역량을 집중시킨데 핀란드 언어교육의 비결이 있다'는 것이다.

핀란드에서 아이들을 키우는 현지의 교민들이 현지의 교육을 접하면서 느낀 영어교육의 특징과 영어를 잘하는 이유에 대해서는 다음과 같이 이야기했다.

"한국의 영어교육은 영어시험을 잘 보기 위한 교육이라면 핀란드의 영어교육은 서바이벌 영어라고 할 수 있습니다. 실제 현실에서 다른 사람과 의사소통을 하는데 필요한 것들을 배우는 과정이니까요. 그것이 핀란드와 한국 영어교육의 가장 큰 차이라고 생각합니다."

우리나라에서도 이와 같은 경향으로 변화되어 가고는 있다. 그러나 변화의 핵심인 경쟁이 아닌 협력의 교육이 이루어져야 하는데 협력교육이 교육전반에 정착되기까지는 또 얼마의 시간이 필요할지 예측할 수조차 없다.

예술교육의 뼈대는 **미술**과 **음악** 감상

몇 년 전까지만 해도 핀란드 경제를 이야기할 때 빠지지 않고 등장하던 기업이 있었다. 바로 전 세계 휴대폰 시장점유율 1위를 10여 년 이상 지속했던 '노키아'라는 회사이다. 지금은 마이크로소프트에 팔리고, 헬싱키 인접 도시인 에스포에 있는 본사건물도 매각한 뒤 그 건물을 임차해서 사용하고 있다.

이처럼 노키아가 추락하자 사람들은 '핀란드 경제에 아무런 문제가 없는지' 궁금해한다. 결론부터 말하자면 사회에 미치는 충격이 그리 크지 않았다. 휴대폰과 관련된 많은 기술들을 여러 벤처중소기업과 공유해 오고 있었기 때문이다.

그렇다면 핀란드에서 경쟁력 있는 산업은 어떤 것이 있을까? 요즈음 핀란드를 비롯한 북유럽나라들은 뜻밖에도 디자인산업에서 경쟁력을 보이고 있다. 스웨덴의 이케아가 우리나라에 들어온다고 가구산업관련자들이 긴장하면서 지켜본다는 이야기를 들은 기억이 있다. 이케아가 전 세계 가구시장을 잠식할 수 있었던 것은 바로 개성 있는 디자인을 바탕으로 실용적이고 공간적 효율성을 높인 여러 제품들을 내놓았기 때문이다.

이케아 만큼은 아니지만 핀란드의 경우도 '이딸라'나 '마리메꼬' 등의 디자인 관련 브랜드가 있다. 이러한 제품들이 일본에서는 선풍적 인기를 모으고 있고, 우리나라에도 진출해 있는 것으로 알고 있다. 디자인 산업은 말 그대로 창의적인 지식산업을 바탕으로 한 고부가가치 산업이다. 산업이 고도화되면 될수록 고부가가치 산업의 기술력을 확보한 나라들이 선진국으로 발전할 수 있다.

그런데 이러한 디자인 산업의 발전을 이룩한 동력이 무엇일까 생각해 보았다. 나는 핀란드의 미술 교육이 디자인 산업의 주춧돌이 되었을 거라고 짐작하고 있다.

일단 핀란드의 미술 시간은 대단히 즐겁다. 아이들은 밝은 표정으로 각자 그리고 싶은 그림을 그린다. 더욱 중요한 것은 유치원 때부터 많은 미술품을 감상한다. 우리가 배웠던 감상은 이건 누구의 그림이고, 저건 누구의 그림인가를 구분하고, 화가가 무슨 화파인가? 등을 외우는 것이다. 이는 미술 필기시험을 잘 보기 위해 반드시 필요한 절차였다. 이에 반해 핀란드 아이들은 어렸을 때부터 많은 미술 작품을 감상하면서 미술품을 감상하는 방법, 화가가 표현하고자 하는 내용을 알아내는 방법 등을 배운다. 내가 그림을 그리든, 감상을 하든 그 자체를 즐긴다는 얘기다. 미술에 대한 지식도 그래서 필요한 것이다. 아는 만큼 보이기 때문이다. 그림이나 화가를 구분하고 외우는 것이 무슨 의미가 있겠는가.

핀란드의 음악 수업은 정말 아이들이 자기의 음악성을 실컷 표현하는 시간이기도 하다. 대부분의 아이들은 자기가 잘 연주하는 악기를 연주하면서 수업 시간을 보낸다. 아이들은 함께 오케스트라를 만들기도 하고 보컬그룹을 만들어 함께 음악을 연주하고 노래를 부른다. 아이들이 학교를 졸업할 때쯤이면 적어도 두세 개의 악기는 다룰 줄 알게 되며 이는 삶을 윤택하게 하는데 굉장한 활력소가 되어준다.

예술 교육의 핵심은 여러 가지 이론적인 부분도 있지만 그것보다는 평생 살아가면서 삶을 풍요롭게 만드는 구성 요소로서 음악을 규정하고 있다는 것이다. 그렇기 때문에 음악을 스스로 즐길 줄 아는 사람으로 만들기 위한 여러 가지 방법을 수업을 통해서 가르친다. 음악 수업의 체계도 미술 교육과 마찬가지로 어렸을 때부터 많은 음악을 감상하면서 시작된다. 그리고 음악을 감상하는 방법을 배운다.

그런데 음악 수업이 미술 교육에 대해서 가지는 한 가지 개성이라면 바로 음악은 각각 개별 악기 연주와 합주, 오케스트라 등 여러 가지 협연을 통해 나의 음악과 우리의 음악, 그리고 우리의 음악을 아름답게 만드는 것들을 배워 나간다는 점이다.

특히 핀란드인들이 가장 존경하는 사람 중 한 사람이 바로 '핀란디아'를 작곡한 시벨리우스이니, 그들이 음악을 사랑하고 즐기는 마

음은 대단하다고 말할 수 있다. 그리고 이들은 여름방학 기간 오두막별장에서 몸과 마음을 쉴 때, 음악을 연주하고 감상하면서 시간을 보낸다.

우리나라의 국민들도 누구나 판소리 한 마당을 부를 수 있고 민요 한 자락을 부를 수 있다면 부에노스아이레스의 노천바가 아니더라도 얼마나 흥겹겠는가. 경로당에서 흘러나오는 웃음소리와 노랫소리도 현재보다 몇 배는 더 많아질 것이다.

왕따는 있지만 공동체 완성의 **과정**으로

핀란드의 학교에서는 왕따 방지 프로그램인 '끼바' 프로그램을 학생들과 함께 진행한다. 우리나라 껌 광고에서 핀란드 사람들이 '좋다'는 말을 '휘바'라고 한다고 하는데 사실은 '끼바(kiva)'가 맞다. 또한 이 말은 '막는다'는 의미의 'ki' 와 따돌림의 의미인 'va'의 합성어이기도 하다. '꼬울로'는 초중학교를 뜻하는 말이니 의미를 합하면 왕따를 방지하는 좋은 학교 만들기 프로그램이라는 뜻이다.

핀란드처럼 교육 환경이 우수하고 경쟁이 없는 나라에서도 약간의 왕따 등 집단 따돌림이 발생한다. 주로 피부색이 다르거나 외국에서 온 아이들이 대상이다. 또한 핀란드 사회가 개인의 개성과 독립적인 생활을 강조하다보니 혼자 노는 외톨이들이 생겨나고 있다고 한다. 그래서 핀란드 교육부가 투르크대학의 심리학과 연구소에 의뢰하여 만들어낸 것이 바로 끼바 프로그램이다.

끼바 프로그램은 우선 학교에서 왜 왕따가 발생하게 되는가 살펴

보는 데서 출발했다. 보통 학교에서는 남들과 경쟁에서 이기려고만 하는 학생들이 존재한다. 이러한 학생들이 보통 왕따의 가해자가 된다. 이러한 메커니즘을 제거하고 모두가 하나의 공동체라는 것을 일깨워 주는 것이 바로 끼바 프로그램의 핵심 내용이다.

이는 또한 학교폭력 예방을 위해서는 학교와 가정, 그리고 지역사회가 함께 힘을 모아야 함을 의미하기도 한다.

우리가 방문하였던 에스포의 '까람진 꼬울로'의 '린나 리꼬넨' 교사와 '이르끼' 교사가 설명한 끼바의 내용은 이렇다.

"끼바 프로그램은 왕따 방지 프로그램이다. 투르크대학에서 개발한 프로그램이다. 핀란드 말로는 '끼우삼(왕따 ; kiusaamista)'과 바스타(반대한다 ; vastaan)의 합성어이기도 하다. 핀란드 초·중등학교의 90%정도가 끼바 프로그램을 진행하는 끼바학교로 등록을 했다. 이 프로그램은 1년에 스무 개의 레슨(과정)을 진행한다. 1레슨은 45분간 진행된다. 이 프로그램의 목적은 왕따 방지이다.

그리고 이 프로그램은 1~3학년 매뉴얼, 4~6학년의 매뉴얼, 중학교 1~3(7~9)학년의 매뉴얼이 각각 존재한다. 레슨은 컴퓨터, 비디오, 체험 등의 방법으로 진행된다. 제일 먼저 진행하는 것이 아이들의 감정을 통한 학습이다. 왕따를 당하는 느낌, 가해의 느낌, 서로 조화롭게 상호 상생하는 느낌 등을 체험한다. 여러 가지 경우에 대해 자료 사진을 보고 느끼는 것에 대해 각자 발표한다. 감정(느낌)에 대해 서로가 이해하는 과정도 진행한다.

이러한 감정에 대한 레슨도 컴퓨터, 비디오, 체험 등의 방법으로 진행된다. 끼바를 지도하는 선생님들의 경우 왕따 교육에 대한 연수를 통해 여러 가지 상황과 사례들을 파악한 후 아이들과 여러 가지 상황들을 설정해 보고, 아이들이 겪었을 때 느낄 수 있는 각자의 감정에 대해서 토론한다."

끼바 수업에 참여한 학생들은 역할극을 통해 소위 왕따의 가해자와 피해자 역할을 해보게 된다. 간접적인 왕따 경험을 통해 학생들은 피해 학생의 고통을 공감하게 되며 또 왕따의 피해자 역할을 맡은 학생을 제외한 나머지 학생들은 어떻게 해야 따돌림 받는 학생을 도울 수 있을지에 대한 고민과 방법을 생각해 보게 된다.

교사는 직접 예를 들어보였다. "이것을 이해하기 위해 간단한 실험을 해 보겠습니다."라고 이야기하면서 함께 방문한 우리나라 교사 네 명을 교탁 앞으로 나오게 하더니 네 명의 손바닥 위에 2m 되는 막대기를 올려놓고는 앉았다 일어서게 했다. 앉을 때는 앉아서 손바닥이 교실바닥에 닿을 듯 말 듯 할 때까지 내렸다가 함께 일어서는 아주 간단한 실험이었다.

처음에 막대기를 잡고 앉았다 일어설 때 아이들은 협력에 대해 이해를 하지는 못하지만 반복적으로 하게 되면 막대기가 기울어 질수도 있고 막대기가 손에서 떨어질 수도 있기 때문에 협력하지 않으면 안 된다는 사실을 은연중에 인식하게 된다고 설명했다.

가해자와 피해자가 발생하였을 경우 어떻게 해결하는가에 대한 이야기도 들을 수 있었다.

한 반을 두 개의 팀으로 나누어 한 팀에 두 명의 교사가 지도하게 한다. 한 반의 아이들에게 종이를 나누어 주고 여러 가지 사실들을 솔직하게 쓸 수 있도록 유도한다. 그래서 만약 피해자와 가해자를 발견하게 된다면 우선 교사가 가해 학생과 피해 학생을 각각 따로 만난다. 일단은 상황에 대해 정확한 파악을 하기 위해서다. 원인을 찾아낸 뒤에는 이러한 일들이 다시는 발생하지 않도록 서로가 약속을 한다. 그리고 교사들은 2~3주, 4~5주 정도 지속적인 관찰을 통해 상황변화를 관찰한다. 이어 교사와 가해자, 피해자가 함께 만난다. 대부분의 문제는 이 정도에서 해결이 된다.

이렇게 해서도 해결이 되지 않는 심각한 상황이면 복지회에 연락을 하고 학부모들에게 문제의 상황을 전달한다. 궁극적으로 이러한 과정을 통해 팀워크를 만들어 나가는 것이 중요한 목적이다.

학생 간 **폭력**은 학부모 간 해결

끼바 프로그램은 1학년과 4학년, 7학년 이렇게 세 차례에 걸쳐서 진행된다. 그 이유는 학교에 처음 들어왔을 때 왕따의 문제점에 대해서 알려주고 예방하기 위한 수업을 진행하고 4학년 때는 다시금 되새기는 차원에서 교육이 이루어지는 것이다. 또 7학년인 중학교 1학년은 학교가 바뀌기도 하는 시기이기 때문에 다시금 발생할 수 있는 요소를 방지하기 위한 예방 차원에서 이러한 교육이 실시된다. 끼바 프로그램은 아직은 수업시수로 배정되어 있지는 않고 담임이 수업 시간 중 진행하는데 그것은 학교 끼바 담당교사와 협의를 통해 수업 시간을 정하게 된다.

끼바 프로그램은 공동체 의식에 기반하고 있다. 왕따에 있어 가해자와 피해자를 이분법적으로 나누어서 해결하는 것이 아니라 모두가 공동체라는 의식을 통해 문제를 바라보는 것이다. 무엇보다 왕따를 예방하기 위한 프로그램이기 때문에 예방이 우선이고, 궁극적으로 함께 하는 공동체의식을 형성해 주는 것을 목표로 한다.

예방이 최선이라는 것은 당연한 얘기다. 혹여 문제가 발생해도 대화와 상담으로 풀면 최선이다. 문제는 말로 해결할 수 없을 때다. 결국에는 어쩔 수 없이 경찰이나 사법적인 힘을 빌릴 수밖에 없지 않을까? 우리의 궁금함에 대해 핀란드 교사는 이해할 수 없다는 표정을 보였다. "정신적인 괴롭힘은 대부분 학교에서 해결되지만 신체적 폭력이 발생할 경우에는 그럴 수도 있겠다."는 대답이 돌아왔다. 그와 같은 경험이 없다는 얘기다.

교직 경력이 보다 긴 교장의 경우에는 그런 사례를 알고 있었다. "우리 학교에서는 그런 경우가 두 번 정도 발생하였다. 한 번은 학생들이 서로 다투어서 얼굴에서 피가 났고 병원에도 갔다. 그래서 학부모들에게 알려주었다. 이럴 경우에는 부모님들이 해결을 한다. 경찰에 신고하는 경우는 거의 발생하지 않는다."

다른 학교를 방문해서도 끼바에 대한 설명을 들을 수 있었다. '린'이라는 교사가 특별프로그램에 대해 설명했다.

"담임들이 중요하게 생각하는 것은 학생들이 학교 다니는 것에 대해 어떤 생각을 가지고 있는지, 어떤 자세로 수업에 임하는지 등이다. 그렇기 때문에 담임들은 이러한 상황을 늘 점검한다. 그럼에도 불구하고 학생들끼리 마찰이 있거나 부딪힐 경우 어떻게 할 것인가도 생각한다. 문제가 생길 경우 교사는 직접 학생들과 상담을 진행한다. 우선 교사들이 먼저 배운다. 놀리고 놀림을 받는 것이 학교생활에서 심각한 문제임을 깨달을 수 있어야 한다. 그리고 가장 중요한 것은 이러한 문제가 발생하지 않도록 어떻게 차단하고 예방할 것인가이다."

이 학교에는 왕따나 놀림을 방지하기 위해 선생님들이 협의하는 팀을 따로 만들었다. 그래서 왕따나 놀림이 발생하게 되면 그 팀에서 학생들과 상담을 하거나 문제를 해결해 나간다. 저학년이나 고학년 관계없이 각 반을 담당하는 교사가 있다. 그 팀에서 문제가 심각하다고 판단하면 학부모에게도 연락해서 함께 상담을 진행한다. 경고를 받은 학생들은 '콘트롤 피어리드'라고 하는 특별 관리 기간을 갖는다. 문제가 있었을 경우 문제를 덮기보다는 문제가 왜 발생했는지를 밝히고 그 문제를 해결하기 위해 지속적인 상담을 통해 문제를 해결해 나간다.

그리고 학급마다 왕따나 놀림이 발생했을 때 문제를 해결하는 여러 가지 방법을 제시해 놓은 책자를 비치해 놓고 교사들이 문제가 발생하였을 경우 책자를 참고하여 문제를 해결할 수 있도록 하고 있다. 린의 학교에서는 이 책을 사용할 기회가 없었다고 한다. 책은 아이들에게 예방 교육을 하는 자료로 사용되고 있다.

끼바 프로그램의 가장 큰 특징은 단순히 학교 폭력과 따돌림의 문제를 피해 학생과 가해 학생들에게만 초점을 맞추지 않고 학교 전체 학생을 대상으로 문제를 해결하려고 했다는 점이다. 집단 따돌림의 문제는 개인의 문제이기도 하지만 실제로는 교실, 나아가 학교 전체

와 사회의 문제라고 보았다.

끼바 프로그램을 만드는데 참여하였던 크리스티나 살미발리 교수에 따르면 프로그램의 기획 의도는 피해자나 가해자가 아니라 침묵하는 다수가 바로 집단 따돌림을 막는데 책임이 있다는 것을 가르치는 것이 끼바 프로그램을 만들어낸 목표라는 것이다.

대한민국에서는 왕따나 학교 폭력이 발생할 때 가해 학생의 부모가 자기 아이를 두둔하거나 학교 폭력의 가해자임을 부정하는 경우가 자주 발생한다. 때로는 부모가 학교에 찾아와 욕설을 퍼붓거나 교사를 폭행한 일이 언론에 보도되기도 한다.

예상했던 대로 핀란드에서는 그런 일이 없다. 가해 학생의 부모들은 '내 아이가 설마 그런 일을 저질렀을까' 하는 생각을 하는 경우도 있지만 논쟁으로 번지는 경우는 없단다. 학생을 벌하거나 책임을 지우려는 것이 아니라 문제를 함께 해결하려는 것임을 충분히 설명을 하면 대개 이해한다는 것이다.

모든 사람이 알고 있는 진리처럼 문제를 해결하기 위해 가장 먼저 해야 할 일은 그러한 문제를 제대로 보고 파악하는 것이다. 그렇기 때문에 문제를 있는 그대로 바라보는 것은 문제를 해결하기 위해 가장 먼저 해야 할 과제다. 학부모들은 근본적으로 학교의 왕따 방지 프로그램을 깊이 신뢰하고 있다.

끼바 프로그램은 교육부에서 권장하는 프로그램이기는 하지만 모든 학교에서 반드시 따라야 하는 이수 과목은 아니다. 학교가 선택하기 나름인데, 현재 90% 정도가 끼바 프로그램을 진행하고 있다. 교육부에서는 매년 끼바 프로그램의 진행과 성과에 대해 결과를 조사하고 있는데, 프로그램을 진행한 이후 놀림이나 왕따 문제가 크게 줄었다고 한다.

핀란드의 경우 끼바 프로그램의 실시 후, 초등학교에서 20%, 중학교에서 10% 정도 따돌림과 괴롭힘이 줄어든 것으로 나타나고 있다. 핀란드 교육현장의 경우 우리나라의 교육 현장에 비해 집단 따돌림과 괴롭힘이 극히 적은 것에 비하면 굉장한 효과라고 이야기 할 수 있다.

핀란드의 인구는 550만 명 정도다. 그런데 학교에서 발생하는 집단 따돌림을 방지하기 위한 프로그램을 개발하기 위해 쓴 돈이 30억여 원이라고 한다. 핀란드에 비해 학생수가 10배인 우리나라에서도 집단 따돌림과 학교 폭력 방지를 위해 약 300억 원 정도를 투자해서 교육 프로그램을 개발할 수 있을까 하는 의문을 가져본다.

그리고 이제 이 끼바꼬울로 프로그램은 세계로 수출되는 핀란드의 수출 상품이 되어 있었다. 유럽 전역으로 수출이 확대되고 있으며 아시아권으로의 진출도 모색하고 있는 상황이다.

교육은 가르치는 게 아니라 **발견**하는 것

핀란드 학교에서는 우리나라에서 중요하게 가르치는 국어, 영어, 수학, 과학 등의 핵심 과목 이외에도 예술 교육이나 노작 교육, 체육 등 다양한 수업을 동등하게 가르치고 있다는 것을 확인할 수 있었다. 그런데 이렇게 다양한 과목을 다양하게 교육하는 데에도 분명한 이유가 있다는 것을 알 수 있었다.

예컨대 자동차나 스마트폰의 기능이 날로 다양해지고 있다. 하지만 그 다양한 기능을 다 내버려두고 몇 가지만 사용하는 사람들이 적지 않다. 그런데 기계라는 것이 오랫동안 그 기능을 사용하지 않으면 퇴화되거나 고장 날 확률이 높아진다.

사람도 마찬가지다. 사람은 무한한 가능성과 다양한 능력을 가지고 태어난다. 특히 모든 사람은 자신의 특기나 장점을 가지고 태어난다. 이것을 찾아내고 육성하는데 교육의 역할이 있다. 사회 생활을 위한 기본 소양을 가르치는 교육도 필요하지만 모든 사람들이 가지고 있는 재능을 발굴하는 것 또한 교육의 역할이라는 것이다. 능력을 최대한 발휘하도록 하기 위해서는 다양한 방면의 교육을 통해서 뇌를 발전시켜야 한다.

특히 21세기 교육은 지식을 많이 받아들이는 것이 중요한 것이 아니라 문제 해결 능력을 기르는 것인데 이것은 바로 인간이 가지고 있는 다양한 능력을 계발함으로써 이루어진다. 이렇게 보았을 때 이러한 다양한 내용의 교육은 미래 인재를 육성하는 중심일 수밖에 없다. 바로 이것이 핀란드에서 진행하는 전인교육이다.

핀란드의 아이들은 어려서부터 자기결정권과 주체성을 학교와 사회에서 배우며 자란다. 중학생이 되면 자기가 선택할 수 있는 교과목들을 만날 수 있다. 몇몇 수업들은 자기 스스로 배움이 필요한가를 따져서 교과를 선택한다. 그리고 고등학생이 되면 선택 과목의 수가 더 많아진다. 우리나라의 경우 겨우 대학에 가서야 자기가 수업을 선택할 수 있는 것과는 많은 차이가 있다.

핀란드의 학생들이 공부하는 교과목 중에는 '생활 경제'가 있다. 우리나라의 경우 사회 시간에 포함된 경제를 배우는 것이 전부이고, 경제라고 해야 수출이 어떻고, 기업 이윤 추구가 어떻고 이러한 것들을 배운다. 이에 비해 핀란드 학생들이 배우는 생활경제는 말 그대로 우리가 생활을 하면서 직접 겪게 되는 여러 가지 것들을 배운다. 예를 들어 얼마의 돈을 가지고 한 달을 살기 위해 나에게 꼭 필요한 물건들은 무엇이고 이것을 어떻게 구입하는지를 배운다. 그리고 돈은 어떻게 만들어 지는가 등, 사회에 나가서 겪게 되는 실제 경제 활동에 대한 것들을 수업 시간을 통해 익힌다.

고등학생이 되면 사회적으로 준(準)성인 대우를 해 주는 것이다. 이성교제는 물론 흡연 등에 대해서도 자기결정권이 주어진다.

핀란드는 교육의 목표를 '모든 사람을 사회적으로 기여하게 하는 인간으로 성장시키는 것'이라고 이야기한다. 이 말을 정확히 이해하는 데는 오랜 시간이 필요했다. 장수명 교원대 교육정책대학원 교수를 만나 이야기를 나누고서야 '사회적 기여'보다 '모든 사람'에 주목해야 한다는 걸 알게 되었다.

핀란드를 방문했을 때 만났던 교육청 담당자의 설명은 이렇다.

"핀란드의 의무교육 기간은 9년이다. 핀란드에 영주하는 모든 사람들은 핀란드의 의무교육을 받아야 한다. 의무교육 기간에 교육에 필요한 모든 것들 식사, 교육기자재 등은 지방자치단체의 재정으로 지원한다. 1년의 교육일은 190일 정도로 8월 중순에 시작하여 6월 초에 마친다. 모든 학교는 지방자치단체에서 운영하며 방과후교실 등도 운영한다. 초등학교에 입학하기 전 1년 동안 프리스쿨 과정을 거치는데 전체 취학생의 69%가 이러한 과정을 거친다. 유치원 과정은 병설유치원을 다닐 수도 있고 개별 사립유치원을 다닐 수도 있다."

초등학교, 중학교 9년은 의무교육 과정으로 지방자치단체가 담당한다. 학교는 2~5㎞ 간격으로 배치되어 있으며, 보통 300~ 500명

정도가 학교 정원이다. 간혹은 50명 이하의 소규모 학교를 다니기도 한다. 유치원은 유치원 교사가 지도하고 초등학교 1~6학년까지는 한 교사가 내리 가르친다.

고등학교는 인문계와 실업계(직업고)로 나뉘어 있다. 핀란드의 경우 전체 학생의 50%가 인문계에 진학하고 나머지 50%가 실업계에 진학한다. 교육청 담당자가 근무하는 에스포의 수스지구 내에는 열다섯 개의 초등학교(1~6학년 과정)가 있는데 그중 한 개 학교는 전부 스웨덴어로 가르치는 학교다. 7~9학년 학교(우리의 중학교)는 세 개가 있고 1~9학년까지 있는 학교 역시 세 개가 존재한다.(핀란드는 9학년을 마친 후 교사와 학생의 선택에 의해 10학년 과정을 진행할 수 있다.)

11~13학년이 있는 학교(핀란드는 본인과 학교가 9년의 학업성취가 이루어지지 않았다고 판단할 경우 10학년 과정을 다닐 수가 있다. 그래서 고등학교는 11~13학년으로 표기한다.)는 세 개가 있고, 치료가 함께 이뤄지는 특수학교도 한 곳이 있다.

1~9학년 과정이 있는 학교 3개에 5000명 정도의 학생이 다닌다. 1~6학년, 7~9학년이 있는 학교의 학급당 평균 학생 수는 21~22명 정도다.

특수교육이란 장애학생 교육이 아니다

핀란드의 특수학급은 전체의 7% 정도이다. 특수교육을 받는 경우는 정신적으로 문제가 있는 학생, 성취도가 낮은 학생, 행동에 이상을 보이는 학생 등이다. 1~9학년까지 있는 3개의 학교 학생수가 5000명 정도인데 그 학교들에 이러한 특수학급이 스물일곱 개 있다. 우리가 방문한 학교에도 그러한 학급이 세 개 있다고 했다.

한 학급의 학생 수는 열 명 정도이고 교사는 한 명과 보조교사 한 명이 함께 지도한다. 특수학급의 22% 정도는 파트타임으로 수업을 진행한다. 이러한 학생들을 위한 파트타임 교사는 열일곱 명이 있다. 육체적으로 정신적으로 또는 학업성취도가 낮은 학생들을 지도한다. 파트타임 교사는 이 지역에 아흔 명 정도가 특수교사 인력풀을 형성하고 있다.

가장 최근에 나온 핀란드 교육 시스템이 바로 이러한 것들이다. 일반적 지원에서도 학생들을 한 학급에 스무 명 정도를 넘지 않게 하려고 한다. 일반 학급이 스무 명 정도를 유지하면서 제대로 학업성취를 못하는 학생들은 특별지도하고, 그렇게 하여도 따라오지 못하는 학생들은 특수학급을 통해 지도한다.

의무는 아니지만 핀란드 교육당국에서는 의무교육기간에 어느 정도의 성취도를 나름대로 정해놓고 모든 아이들이 도달할 수 있도록 하여야 한다. 교사들은 이러한 목표들을 이루기 위한 자기계획을 수립하고 끊임없이 스스로 평가하는 과정을 가져야 한다. 또한 교사들은 부모들이나 학교 내 복지회와 함께 이러한 교육목표를 이루어 나가면서 학업성취를 이루기 위해 노력해야 한다.

핀란드 교사들도 자신들의 시스템이 왜 좋은 성과를 내고 있을까 궁금하단다. 확실한 것은 교사들의 수준이 높고, 모든 학교가 고루 평등한 교육을 실시하기 때문이다. 9학년을 마치게 되면 다음 학년인 11학년으로 올라가는데, 본인이 원할 경우 10학년을 선택할 수 있다. 학교나 지방자치단체에서도 지역 간 차별이 없도록 교육하기 위해 깊이 고민하고 있다.

1~9학년까지는 핀란드의 모든 학생들이 교육을 받아야 하는 의무교육기간이다. 이후 인문계와 실업계고등학교로 진학한다. 한 번 선택하면 끝이 아니라 인문계와 실업계가 상호연계하며 전학할 수 있다. 가장 중요한 것은 사회적·경제적 환경에 의해 차별받지 않으며, 누구에게나 고른 교육의 권리와 기회가 제공되어야 한다는 것이다. 그렇기 때문에 공부를 잘하는 학생들보다는 부진한 학생들에게

보다 많이 지원하는 것을 당연하게 여긴다. 그렇다 보니 정작 실력이 뛰어난 학생들에게는 관심이 소홀해질 수 있다는 것이 부작용일 수도 있다.

특수교육이라고 하면 장애학생을 대상으로 진행하는 교육이라고 생각하고 특수학교나 특수교실하면 그러한 학생들을 위한 시설이나 장치로 생각해 왔던 것이 사실이다. 나 또한 그렇게 생각했었다. 그런데 장수명 교원대 교수의 논문 '핀란드 학교의 학생지원과 개인별 학습·교육계획(교육정책연구 2015년 12월)'을 보고 생각을 바꿔야 한다는 걸 깨달았다. 장 교수의 논문 (〈교육정책연구〉 제2권 p.37~p.38)을 인용해 보겠다.

> 1970년대 초 종합학교 교육개혁에서 높은 교육의 질을 유지, 발전시키기 위한 또 다른 개혁은 교사 교육 개혁이었는데, 우선 교사들에게 대학 수준의 석사학위를 받도록 하는 것이었다. 이 과정에서 1979년 이후 파트타임 특수교사에 대한 훈련도 독립된 4년제 학위 프로그램으로 전환되었다. 파트타임 특수교사들의 수는 1967년부터 1977년까지 약 스무 배가 늘었다. 그 이후에도 파트타임 특수교사의 숫자는 그 같은 속도로 늘어나서 1990년대 기준으로 교사 열 명 중에 한 명은 특수교사이고 이중 30%는 파트타임 특수교육 교사였다. (중략) 핀란드에서 특수 교육의 강조점은 학교에서 학습장애를 경험하는 학생들을 찾아내고, 진단하고, 규명하는 것과 학생들이 자신의 학교에서

개별적인 특별한 지원을 받을 권리가 있다는 것을 인식하도록 하는 것이다.

핀란드에서 특수교육을 받는 학생들의 수가 늘어가는 것은 학습장애를 진단하고 평가하는 방법이 발달하고 있기 때문이다. 파트타임 특별 교육을 받는 학습장애의 범위는 매우 다양하게 확장되어 왔다. 예를 들면, 언어장애, 독해 및 쓰기 장애, 수학학습장애, 외국어학습장애, 적응 및 정서 장애, 기타 학습상의 애로를 경험하는 경우를 모두 포함한다. 그러나 이런 특수교육은 종합학교 내의 학습장애를 경험하고 있는 학생들을 대상으로 하고 있었고, 보다 전통적이고 일반적인 '장애

아동'으로 정의된 학생들은 특수학교라는 분리된 환경에서 교육을 받은 것으로 알려졌다. 특수학교의 두 번째 발전단계는 특수학교와 일반학교의 통합을 통한 특수교육의 주류화 과정이었다.

나는 이 논문을 읽으면서 핀란드 교육이 가지고 있는 교육철학과 교육과정 수립의 의미를 어느 정도나마 이해할 수 있었다.

핀란드의 보충교육과 특수교육은 포괄적이고 세심한 특수교육 지원 체제를 갖고 있는 것이 특징이다. 정규 수업 중 부진한 학생들을 대상으로 교실 내에서 소규모로 따로 학습시키거나 특수교육대상자 수업을 받는다. 종합학교 학생들 중 6.2%는 전일제로 특수교사의 지원을 받으며, 20% 정도는 부분적으로 특수교사의 도움을 받고 있었다.

또한 각 학교에는 학생지원단이라는 이름으로 간호사 사회복지사 심리치료사 의사 상담사 등이 아이들의 복지와 학교에서 발생하는 다양한 문제에 대하여 대응하고 있었다.

우리 교육이 차별화를 통한 경쟁, 수월성을 바탕으로 진행이 된다면 핀란드는 어떻게 하면 모든 아이들이 다함께 성취를 이루어 내는가를 고민하는 것이다. 핀란드의 학교와 교육이 완벽하다고 생각하지는 않는다. 그러나 그들이 추구하는 가치 그리고 그 속에서 모든 아이들을 다 함께 사랑하고자 하는 마음만은 우리나라 교육 당국과 교육 담당자들이 마음에 새겼으면 하는 바람이다.

중등교육,
자기가 **선택**하고 **책임**지는 교육

핀란드의 학제는 우리와는 조금 차이가 있다. 1970년대 기초 종합 학교 개혁이 이루어지기 전 핀란드의 학교는 초등학교 1학년부터 4학년까지가 있기도 하였고 우리처럼 1학년부터 6학년까지 있는 학교도 존재하였다.

그리고 초등학교 4학년을 마치고 나면 문법학교라고 부르는 일반중등학교에 가고 일반중등학교를 졸업하면 김나지움이라고 하는 후기 중등학교를 입학하고 이러한 후기 중등학교를 졸업하고 나면 대학교에 입학을 하고 대학교육을 마치는 과정이 있었다.

그리고 대학 진학을 목표로 하지 않는 학생들은 초등학교를 마치면 시민학교나 직업학교에 진학을 하고 이러한 시민학교 직업학교를 마치고 나서 바로 사회에 진출하는 방식이었다.

이러한 핀란드의 학제가 교육개혁을 거치면서 초등6년의 과정과 중등3년의 과정을 합하여 기초학제(의무교육) 9년을 두고 이러한 9

년의 과정을 마친 학생들은 우리로 치면 인문계 고등학교와 실업계 고등학교를 진학하게 된다. 앞에서도 설명하였지만 핀란드는 우리의 초등학교와 중학교 3학년까지의 과정을 의무교육 기간으로 정해 놓고 기본적으로 모든 아이들에게 학력 수준을 성취시켜야 한다고 이야기 하며 기초종합학제라고 부른다. 이러한 교육개혁 방향에 의해 새로 만드는 학교들은 병설유치원과 초등학교 6년 중학교 3년의 교육과정을 함께 교육시키는 9년제 종합학교들이 많다. 그러나 이전에 만들어졌던 학교들은 초등학교와 중학교가 나뉘어져 운영되고 있다.

어쨌든 우리의 중등교육에 해당하는 종합학교 고학년(7~9학년)의 특징은 저학년에 비해 자신들이 선택할 수 있는 많은 선택과목이 생겨난다는 것이다. 그리고 9학년 과정을 마친 후 고등학교를 가지 않고 1년을 더 공부할 수 있는 10학년제가 있다는 것이 특징이다.

고학년이 되면 저학년 시기 담임선생님이 대부분의 과목을 가르치는 것에서 담당교사들이 수업을 진행하는 방식으로 바뀐다. 이것은 우리나라의 상황과 비슷하다.

핀란드에서 학생을 선발한다고 하는 기준과 개념은 정확하게 이야기하면 고등학교 때 부터 시작되는 것이다. 핀란드의 10학년은 우리가 이야기하는 자유학기제처럼 진로를 탐색하는 진로 탐색기의 성격과 뒤쳐진 공부를 보충한다는 성격을 가지고 있다. 핀란드 전체 학생 중 3%의 학생들이 10학년을 경험한다고 한다. 그 3%의 10%가

이민자의 자녀들이라고 하며 이를 볼 때 이때부터 교육에서 계층화되는 모습을 보인다고 하며 이 또한 핀란드 교육당국이 해결해야 할 과제다.

인문계 고등학교는 핀란드어로는 루끼오라고 부르며 교수요목은 모국어와 문학, 공용어와 외국어들을 배운다. 또한 수학과 자연과학을 공부하고 예술과 실기과목 뿐만 아니라 인문학과 사회과학, 종교나 윤리, 그리고 체육과 보건을 배운다.

게다가, 교수요목은 부분적으로 또는 전체적으로 직업교육과 교과과정이 제공하는 것과 일치하는 개별고등학교에 적합한 다른 과목들과 같은 선택과목을 포함할 수 있다. 이것 역시 개별 고등학교의 권한이다. 학생들은 초·중학교 때와 마찬가지로 학생 상담을 받아야 한다. 이러한 상담은 상담전문성을 갖춘 심리학자들이 별도로 담당한다.

정부는 인문계 고등학교의 일반적인 국가 목표에 대해 결정하고, 다양한 과목과 과목 집단들(예를 들면 사회과학이나 인문과학 등으로 구분하여) 지도와 그리고 학생상담을 위해 사용되는 시간 배정에 대해 결정한다.

이러한 결정을 하는 정부기구가 바로 핀란드 국가교육위원회다. 핀란드 국가교육위원회는 다양한 과목, 주제 집단, 주제 교과목과 학생상담 등 교육내용에 대한 국가적 핵심 교과 과정의 목표와 핵심내용을 결정한다.

인문계 고등학교를 위한 국가적인 핵심 교과 과정은 2003년에 수정되었고 새로운 국가적인 핵심 교과 과정에 근거한 지역적인 교과 과정이 2005년 8월1일 시행되었다.

교과 과정은 학생들에게 필요하다면 다른 교육제공자들에 의한 지도를 포함하여, 개인적인 학습 선택 기회를 제공하기 위해 도입되었다. 각 학년에 학업을 배정하기 위하여, 전반적인 학교 일정이 있으며, 그 일정은 교과 과정에 근거하고 있다.

인문계 고등학교를 위한 시간 배정을 관리하는 정부 결정에서, 인문계 고등학교 수업은 필수과정, 특수과정 그리고 응용 과정으로 나누어진다.

필수 과정은 말 그대로 모든 학생이 이수해야 하는 과정이다. 특수과정은 기본적으로는 직접적으로 필수과정과 관련된 추가과정이고, 학교는 특수과정을 학생들이 선택하도록 제공해야만 한다. 특수과정은 앞에서도 설명한 바와 같이 특수교육으로 이해하면 된다. 응용과정은 다양한 과목들로부터, 방법론적인 과정이나 다른 특별과정의 요소들을 포함하는 통합적인 과정이다.

이러한 과정들은 또한 직업적이거나 학교에 주어진 특별한 교육업무에 따르는 다른 연구일 수도 있으며, (교육프로그램을 개발하는)교육 공급자나 다른 교육기관으로부터 제공 받을수 있다.

이러한 수업을 이수한 학생들은 고등학교 졸업시험을 치르게 된다. 핀란드 고등학교는 기본적으로 정해진 과목별 학점을 이수하게 되면 졸업을 인정받게 되는 데 졸업시험을 정확하게 이야기 하면 과목별 학점 이수 시험을 치르게 되는 것이다. 이 시험은 봄, 가을로 진행이 되며 졸업을 하기 위해서는 네 과목의 시험을 봐서 통과해야 한다. 모든 학생이 반드시 보아야 하는 시험은 모국어(mother tongue) 시험이다. 나머지는 제2외국어, 그 밖의 언어, 수학, 과학 등에서 세 과목을 선택하여 시험에 통과하면 된다. 봄과 가을에 통과시험을 보게 되다보니 매번 시험의 난이도 등 시험이 달라지기 때문에 상대평가를 한다고 한다.

실업계 고등학교의 직업 교육과 훈련 교과 과정 체계는 국가적인 핵심 교과 과정과 개별 실업학교가 지방자치단체로부터 승인받은 교과 과정, 그리고 학생들의 개인적인 학습 계획으로 구성된다.

핀란드 국가교육위원회는 학습 교과목을 위한 학습과 목표, 핵심 내용과 평가 기준의 구성을 결정하면서, 각각의 직업적인 자격요건을 위한 국가적인 핵심 교과 과정을 결정한다.

그것은 인문계 고등학교에서처럼 필수 과정을 포함하는 기본적 교육과 학생상담과 직업훈련, 특수교육과 훈련 그리고 이민자들을 위한 특수교육과 견습을 위한 교육 과정을 포함하고 있다. 핀란드 실업학교의 특징은 모든 학생들이 견습 과정을 거침으로서 실제 산업 현장에서 필요로 하는 노동력을 확보할 수 있다는 특징이 있다.

그리고 이러한 실업계고의 교육 과정은 인문계고와 마찬가지로 국가교육위원회에 의해 결정된다.

또한 핀란드의 경우 국가일반교육청과 국가직업교육청이 있는데 실업계 고등학교의 교육과정 개발과 지원은 국가직업교육청에서 담당하고 있다. 국가직업교육청의 주요 역할중 하나는 끊임없이 노동시장의 상황을 조사함으로서 노동시장의 교육사항을 파악하고 그것을 충족시키기 위한 교육 개발을 진행하는 것이다.

특히 1998년 핀란드에서는 직업교육 개혁이 진행되는데, 그 이전의 직업교육이 학교 중심의 직업교육이었다면 1998년 이후에는 현장교육이 포함되는 직업교육으로 전환되었다. 또한 전문성을 강화하기 위해 직업학교의 교사가 되기 위해서는 최소 3년 이상의 현장 경험이 있어야 한다.

특히 각 직업학교에서는 최소 6개월 이상 현장 학습을 해야 한다. 현장교육에 대해서는 학생들 스스로 자신의 능력과 소질에 대해 평가한다. 이 평가에는 현장담당자와 학교의 직업교사 그리고 학생스스로참여하는데 서면화 된 시험이 아니라 현장에서 자신의 능력을 보여줌으로서 평가가 이루어진다.

직업고에서는 300여 개의 직종 자격을 가르치는 것에서 100여개로 줄이게 된다. 그 이유는 명목적인 직업교육에서 벗어나 현장학습을 중요하게 생각하면서 실질적인 직업교육을 진행하기 위해서라고 한다. 또한 직업교육의 유연성을 높이기 위한 과정이다. 직업교육은 학생들이 여러 가지 경로를 통해 사전에 익힌 경험이나 익힌 기술 등을 인정할 정도로 유연하다. 학생들이 사전에 익힌 기술이 있다면 그것을 보여줌으로서 학습을 단축할 수도 있고 이수한 것으로 인정하기도 한다.

예를 들면 우리나라에서 목수를 하던 사람이 핀란드 직업학교에 가게 되었다면 교사와 현장전문가에게 자신의 기술을 보여주고 인정을 받게 된다면 그 과목은 이수한 것으로 인정받을 수 있다는 것이다.

그렇기 때문에 핀란드의 직업고등학교는 보통 2~4년 사이에 졸업을 하게 된다.

이러한 직업교육 개혁이 일정정도 성과를 보여서 현재는 직업고등학교의 인기가 상당부분 증가하였다. 국가교육위원회 크리스티나 발머리 국장은 "스위스나 오스트리아의 직업학교가 대단한 인기를 갖고 있다면 핀란드는 그에 미치지는 못하지만 이전에 비해 상당한 인기를 가지게 되었으며 국가교육위원회도 직업학교가 학생들의 선호를 받게 하기위해 노력하고 있다."고 말했다.

핀란드에서는 인문계고와 실업계고등학교 간 전학이 허용되며 실업계 고등학교를 졸업하여도 대학 입학시험 자격이 주어진다. 이는 직업고와 일반고 사이의 정서적이고 공간적인 차이를 없애기 위한 노력이다. 현재 핀란드 교육당국은 일반고와 직업고가 서로 병행될 수 있도록 노력하고 있다. 현재 핀란드 대도시라고 할수 잇는 헬싱키, 에스포, 반타, 투루쿠 등 에서는 직업고와 일반고의 병행이 쉽지 않지만 작은 규모의 도시에서는 수업의 병행과 상호교류 등을 어느 정도 진행하고 있다. 특히 응용과학 분야의 대학 신입생의 30%는 직업고를 졸업한 학생들이 입학하고 있다. 이러한 내용은 우리나라의 고등학교 현장에서도 적용해 보면 좋지 않을까 하는 생각이다.

핀란드에서 고등학생이 되면 달라지는 것 중의 하나는 선생님들이 공부를 강요하거나 강제하지 않는다는 것이다. 고등학생은 우리로 이야기 하자면 준 성인으로 인정을 하고 모든 학교 생활에 대하여 자기결정권을 준다. 학교 수업에 참여하는 문제라든가 공부할 교과목을 선정하는 일들에 대하여 자기 결정권을 주는 것이다. 일단 고등학생이 되면 교과목의 경우 대학에서 학점을 이수하는 것처럼 각 이수한 교과목의 학력 수준을 평가하는 과정을 거치는데 이를 통과하지 못하면 과목 이수를 인정하지 않는다. 각 학교에서는 이러한 일련의 과목을 이수한 학생들만 졸업시키고 대학 입학 자격시험을 볼 수 있는 권한을 준다. 고등학교는 의무교육이 아니기 때문에 전적으로 학생들의 의사에 의해 교육을 결정하는 것이다. 예를 든다면 학교에 등교하는 것도 학생들이 자율적으로 판단할 문제이고 수업을 듣거나 학습을 진행하는 문제도 철저히 학생들이 스스로 판단할 문제이다.

실제로 핀란드는 고등학교 과정에서 10~15%의 학생들이 탈락을 하는데 이것을 줄여 나가는 것이 현재 핀란드 교육의 중요한 해결과제라고도 이야기 한다. 이렇게 탈락한 아이들을 위해 평생교육기관과 후기 직업학교 등을 운영하고 있는 것이다.

그리고 중학교에서 고등학교, 고등학교에서 대학교로 진학하는 과정은 디지털화 되고 있다.

입학원서를 작성해서 종합시스템에 입력하고 자신이 가고자 하는 학교를 1순위부터 5순위까지 지정하면 핀란드 전체 학교들이 통합 시스템을 통하여 학생들을 선발한다. 학생들은 여러 장의 원서를 작성하거나 접수하는 일이 없이 통합시스템을 통하여 지원하면 되는 것이다.

또한 핀란드 국가교육위원회는 학습의 유연성을 높이기 위해 고등학교 과정의 공통 기본 교과목을 줄이려고 하였다. 그런데 그들의 표현대로 국회의원들을 설득하는데 실패하여 법제화를 이루지는 못하였다고 한다.

그래서 현재는 지정학교를 정해 시범사업을 진행하고 있다. 아마도 얼마 지나지 않으면 핀란드 고등학교의 공통 기본 교과목은 더 적어질 것으로 예상된다.

교육개혁 과정도 **분권형**으로

핀란드는 1971년 이후 지속적인 교육개혁을 통해 지속적인 교육발전을 이루어 왔다.

1971년부터 1979년 까지는 기초종합학교 개혁을 통해 다양한 형태로 산만하게 운영되어 왔던 학교들을 국가단위의 학제로 만들어낸 것이다. 4년제 초등학교와 6년제 초등학교 문법학교와 김나지움 직업학교 등으로 산만하게 각자 운영되던 학교들을 1학년부터 9학년까지를 의무교육기간으로 정하고 초등학교와 중학교까지의 과정을 기초종합학제로 정리한 것이다. 1973년부터는 교사 교육 개혁을 통해 교사 교육을 4년제 대학 과정과 2년의 석사 과정으로 정립시켰다.

또한 1982년부터 1988년까지의 중등교육 개혁을 통해 인문계고등학교와 실업계 고등학교로 정리해서 교육을 진행하였다.

1990년대 초 핀란드는 현재의 형태의 지방 분권이 이루어지고 교육 또한 지방자치단체의 독립된 형태로 발전하게 된다. 이러한 흐름은 학교별 분권으로 이어져서 현재의 학교의 권한과 책임을 갖는 기초를 마련하게 되었다.

핀란드 교육과정 개편은 일반적으로 10년에 한 번씩 하는데 1970년 이후 1985년, 1994년, 2004년, 2014년, 2016년 다섯 차례에 걸쳐 개정했다. 1970년에는 국가가 주도하는 중앙집권화 된 개정이라면 1990년 경제난 이후에는 지자체의 의견이나 단위 학교에 관련된 다양한 사람들의 의견을 수렴하는 경향을 보인다. 2014년 개정이전 2010년에는 초기 개입 전략으로 개정이 추가되고 그 이후 2016년에더 다듬게 된다.

이후에도 특수교육 개혁을 통해 특수교육을 대중화 보편화함으로써 모든 아이들을 끌어 안을 수 있는 교육구조를 좀 더 체계화했다. 또한 기초학교와 고등학교의 개혁 과정과 함께 폴리텍대학의 개혁과 대학 개혁이 함께 진행되어 왔으며 지금도 핀란드 교육은 끊임없는 변화를 모색하고 있다.

2016 국가핵심교육과정,
주제 중심의 **현상학습**으로

핀란드는 2016년 8월부터 새로운 교육과정을 진행하고 있다.

그 교육과정의 핵심은 과학과 혁신, 기술을 접목시키는 교육, 기업가 정신을 고취시키는 교육, 그리고 현상학습이다. 이 교육과정의 목표는 학생들을 주체적으로 수업에 참여시키고 수업에 대한 책임감을 갖게 하는 것이다. 그리고 배움의 지속성과 긍정적 마인드를 높이는 것이 목표다. 이 과정에서 무엇보다도 중요한 것이 교사와 학생 학부모 그리고 동료 학생들과의 소통이다. 이것을 위해서 인터넷 커뮤니티를 다양하게 활용한다. 예를 들면 페이스북에 같은 반 학생들과 학부모, 교사가 함께 방을 만들어 일상적인 교육과정에 대한 대화를 나눈다든지 프로젝트를 진행하면서 커뮤니티사이트에 공동으로 접속한다.

현상학습이란 현재 벌어지는 다양한 사건이나 현상들 중 학생들의 관심을 집중할 수 있는 주제를 선정한 후 이것에 대해 다양한 교과목들의 학습내용을 적용하여 수업을 진행하는 것을 말한다. 예를 들면 2016년과 2017년 대한민국을 관통하는 최대 이슈가 '사드 한국 배치'라면 사드를 통해 과학과목에서는 로켓에 대해 배울 수 있고 수학에서는 미사일 요격에 대한 여러 가지 수학적 계산과 함수 관계를, 사회·정치적으로는 사드 배치를 둘러싼 국제관계에 대해 함께 배울 수 있다는 것이다.

현지 학교 교사의 설명으로는 가령 우리가 사용하는 에너지에 대해서 공부할 때 여러 가지 에너지는 화학이나 환경, 수학, 문학 등 분야에 걸쳐 공부할 수 있다. 세금을 이야기 하면서도 수학과 사회 문학 등을 함께 이야기 할 수 있다는 것이다.

내가 방문한 학교가 중등학교였는데 그 학교의 교장선생님은 새로운 커리큘럼과 현상학습에 대해 현재 핀란드의 학교에서 처음 시행하는 제도이다 보니 자리를 잡아가는 과정이고 중등학교보다는 초등학교에서 더 활발히 시행을 하고 있다고 한다. 초등학교는 담임선생님이 여러 과목을 가르치기 때문에 이러한 커리큘럼을 진행하기가 수월하다고 한다.

2017년 5월 핀란드 학교방문에서 가장 많이들은 것은 바로 뉴커리큘럼과 현상학습에 대한 이야기였다.

새로운 교육과정의 목표는 '아이들에게 어떻게 학습에 대한 동기부여를 시킬것인가' 로부터 출발한다고 한다.

과목중심이 아니라 주제중심의 교육을 통해서 1년에 최소한 1회 이상의 현상중심학습을 진행하고 있다. 모든 교과목들의 공통된 주제들 아니면 서로 다른 주제들을 모아서 실제 삶과 교육의 간극을 줄이는 방식으로 예를 들면 '기후 변화나 온난화 등의 주제를 정하고 공동의 교사가 참여할 것인가 아니면 한명의 교사가 설명할 것인가' 등을 정해 진행하고 있다.

이러한 교육과정은 교사들에게는 새로운 도전이다. 텍스트북이 있지 않은 상황에서 교사 스스로 현상을 발굴해내고 수업 내용을 만들어 나가야 하는 것이기 때문에 많은 교사들은 부담을 느끼고 있다.

제5장

핀란드, 멀고도 가까운 나라

임용고시는 없다, 필요한 건 **책임감**

핀란드에서 교사가 되기 위해서는 우리나라와 같이 사범대학을 졸업해야 한다. 사범대학을 가기 위해서 내신과 수능성적이 기준등급 이상이면 각 대학 사범대학에 입학을 신청할 수 있다. 그리고 각 대학에서는 교육학에 대한 시험과 현장학교 모의 상황에 대한 구술시험을 치른다. 학생과 교사의 상호작용과 소통에 대한 문제 해결을 중심으로 한 구술시험과, 교사가 되려는 목적에 대한 구술시험이다. 이것을 보통 에세이라고 하는데 에세이를 쓰는 시간은 4시간에서 6시간가량 주어진다. 여기에서 중요한 것은 교사가 되려는 분명한 목적과 교육에 대한 철학 그리고 중 고등학교를 다니며 가지게 된 교사가 되려는 분명한 이유를 제시하는 면접과 교수면담 구술시험이다. 이러한 시험 과정을 거쳐 입학을 하게 되면 4년의 학사 과정과 2년의 석사 과정을 합친 6년의 교사교육 통합 과정을 거쳐 교사가 된다.

핀란드 국가교육위원회 대외협력국장을 맡고 있는 크리스티나 발모리 씨는 "교사가 되기 위해서는 시험성적이 중요한 것이 아니다."라고 이야기 한다. 발모리 씨는 " 아이들을 가르치는 능력, 아이들과 토론하고 소통할 수 있는 능력, 아이들에게 동기부여를 통해 학습의 목표를 설정하게 해줄 수 있는 능력 등을 중심으로 교사의 자질을 중심으로 사범대학이나 교육대학에서 학생을 선발한다."라고 설명했다. 실제로 사범대학을 가기 위해 치르는 면접과 교수 면담 구술시험은 아침부터 저녁까지 꼬박 하루를 걸려서 진행된다고 한다.

많은 한국 사람들은 오랫동안 많은 공부를 했기 때문에 우수한 교사가 될 거라고 생각할지도 모른다.

물론 더 오랫동안 많이 공부를 하면 적게 공부한 것보다 교육에 대해 많은 것을 알게 될 수는 있을 것이다. 그런데 실제로 대학과 대학원 과정을 통해 이수하는 학점은 우리나라보다 많지 않다. 그보다 중요하게 생각하는 것이 초등학교 또는 중학교, 고등학교에서 1년 동안 이루어지는 교생실습 과정을 교사 양성 교육에서 가장 중요하게 생각한다. 기본적 자질인 인성이 되어 있는가, 아이들을 사랑할 자세가 되어 있는가를 확인하는 과정이 바로 교생실습 과정인 것이다.

또 하나는 석사 과정의 이수를 통해 교육을 단순히 교단에서 학생들을 가르치는 것으로 바라보고 그것에 대한 지식만을 배우는 것을 넘어 자신의 관점에서 연구하고 교육 과정 교수법 교육 정책 등에 대한 자신만의 논문을 작성하는 것이다. 이러한 토대는 교육현장에서 아이들을 가르치면서도 교수법과 교육과정을 끊임없이 연구하면서 아이들을 교육시키는 교사로 성장하는 출발이 되는 것이다. 우리나라의 경우 국정교과서든 검인정교과서든 간에 소수가 집필한 교과서를 가지고 아이들을 가르치는데 비해 핀란드는 학교별로 교사들이 모여서 함께 자기들만의 교과서를 만들고 그것을 가지고 아이들을 가르친다.

이러한 교육은 여기에서 그치지 않고 교사가 된 후에도 끊임없이 이어지는 교사 직무 연수로 이어진다.

그리고 교육현장 실습 과정에서 정말 적성에 맞지 않으면 다른 길을 모색하기도 하는 것이다. 우리나라처럼 교사를 선발하기 위한 임용시험은 없다. 대신 교육철학과 수업에 대한 생각을 운영위원회에서 발표하고 통과하면 교사가 된다.

핀란드는 성인교육이 학교 제도에 정식으로 포함되어 다양한 형태의 성인교육 체제가 잘 갖춰진 평생 학습 사회로서 교사 연수도 성인학습의 한 부분으로 이루어지고 있다. 핀란드 교육부는 현직 연수는 직업을 가지고 있으면서 연수에 참여하는 직업교육훈련(vocational continuing education and training)과 직무수행에 넓게 적용되는 능력을 제공하는 일반교육(general continuing education)으로 비교적 잘 정의될 수 있다.(Finnish Ministry of Education, 2003:41)고 밝혔다. 이러한 맥락에서 교사 현직 연수 개념 역시 교사 계속교육이라는 보다 넓은 의미에서 교사들이 현직에 있으면서 받는 모든 교육훈련을 가리킨다.

핀란드의 교사 현직 연수는 의사 결정 기구에 따라 개인 자율 연수(self-motivated continuing teacher education), 각종 교육기관에서 이루어지는 기관 연수(in-service at educational institution), 국가의 중요 교육정책에 따라 이루어지는 정책 연수, 대학에서 현직 연수를 담당하고 있는 연수요원들에 대한 연수 등으로 이루어진다.

핀란드에서 교사 현직 연수를 제공하는 기관은 일반적으로 지방자치단체, 광역지방자치단체, 국립 또는 사설 연수 기관들이 있다.

구체적으로는 국립연수센터, 대학의 현직 연수 기관, 직업교육대학, 대학의 교사교육 부서, 교사연수학교, 대학의 여름학기 과정 등을 비롯하여 다양한 사설기관 등이 있다.

현직 연수는 교사들에게 새로운 교육 및 교과 관련 지식을 제공함으로서 교직 수행에 필요한 지식과 기술을 지속적으로 개발하도록 돕는데 목적이 있다. 현직 연수는 직전 교육을 통해 획득한 교직 수행에 필요한 역량을 더욱 확장하는 보완적인 교육으로 이해될 수도 있다. 평생교육의 과정으로서 현직 연수는 교사들로 하여금 개개인의 전문적 요구를 충족시켜 주고, 이는 그들이 직무를 수행하는데 있어 긍정적인 영향을 미치고 있다.

학교 중심 연수는 교사들 자신의 요구를 가장 잘 반영하여 연수를 계획 할 수 있다. 단위 학교 교사들은 학교 시책의 일환인 교사 개발을 위해 연수 활동 참여 계획을 스스로 결정할 수 있다. 또한 연수 제공기관은 교사들의 현직연수 참여 가능성에 영향을 미친다. 근무시간 중 학교 외부에서 이루어지는 현직 연수는 교사들에게 덜 선호되며, 교사들의 참여율에도 부정적인 영향을 미친다는 점을 근거로 현재 기관 중심 연수에서 단위 학교 중심의 연수 형태로 전환되고 있는 상황이다.

핀란드에는 교사 계속 교육 훈련을 규제하는 특정한 법률이 없으며, 현직 연수 참여 의무는 다양한 법과 단체협약에 부분적으로 규정되어 있다. 핀란드에서 교사 현직 연수는 모든 교사의 의무로서,

교사들은 공무원 단체 협약에 근거하여 매년 학기 중 최소 3일간 현직 연수에 참여할 의무가 있으며, 연수일은 근무시간에 포함되어 급여 전체를 받을 수 있다. 또한 현직 연수에 소요되는 경비는 국가 및 지방자치단체에서 제공하고 있다. 대부분의 연수는 교사 개인에게 연수 기간의 형태로 주어지는데, 주로 학기의 시작 또는 마무리 기간 중에 현직 연수일 또는 학교 단위로 이루어지는 연수 행사에 참여한다.

핀란드에서 교사 및 교수 활동에 대한 공식적인 평가가 없는 대신, 학교 교육의 질을 담보하기 위한 비공식적인 평가 시스템이 존재한다. 교사들은 외부 평가 및 매년 이루어지는 자기 평가 평가 과정에 참여함으로서 자신이 계획한 연간 목표에 도달한 정도 및 보완이 필요한 부분에 대해 학교장과 협의하고 그에 따라 필요한 연수를 지원받아 현직 연수에 참여하기도 한다.

현직 연수 중 자율 연수의 경우, 참여하는 교사들 역시 고용주인 지방자치단체의 예산 범위 내에서 연수 비용의 일부를 지원받을 수 있으며, 근무시간에 현직 연수에 참여할 수 있는지에 대한 여부는 고용주인 지방자치단체가 결정한다. 자격연수의 경우에는 주로 박사 학위 과정에서 보다 전문적인 자격 연수 과정으로 이루어지며, 자격 연수는 현직 연수보다 연수기간이 길다.

교장이 되려는 교사에 대해서도 마찬가지 과정이 진행된다. 몇 년의 교사 경력이 지나면 교장 자격 연수를 받을 수 있고, 교장 자격이 있는 교사들은 교장을 뽑는 학교에 자신의 교육철학과 교육방법, 학교경영에 대한 자기의 생각 등을 바탕으로 교장에 응모할 수 있다. 그리고 이러한 자기의 생각들을 운영위원회나 교장 선발을 위한 평가위원회에서 발표하게 된다. 그러면 운영위원회에서 교장을 선발하는 것이다. 우리나라에도 있는 교장 공모제와 같은 방식인데, 핀란드는 모든 학교가 공모제를 통해 교장을 선발한다. 그렇게 선발된 교장은 자신의 개성을 가지고 교사들과 함께 개성을 가진 학교를 만들어 간다. 간혹 교사를 선발하려는 인원보다 지원자가 많을 수도 있지만 대부분은 선발하려는 교사 수와 지원하는 교사 수는 비슷하다.

핀란드 학교에서는 교실에 교사와 학생 몇 명이 남아서 공부하는 모습을 종종 목격하게 된다. '나머지공부'다. 선진교육국가인 핀란드가 우리가 예전에 하던 나머지 공부를 따라한단 말인가? 핀란드의 교육철학을 이해한다면 결론은 간단하다.

핀란드 교사들은 여러 가지 방법으로 학생들의 학업 성취 상황을 파악한다. 쪽지시험을 보기도 하고 수업 시간에 질의 응답을 통해서도 평가한다. 그 결과 일정 정도의 학습 능력에 도달되지 않았다고 생각하면 교사와 미진한 아이들이 함께 나머지 공부를 하는 것이다.

그만큼 교사들의 책임감이 강하다. 통역을 담당했던 교민은 "아이의 핀란드어 성적이 다른 아이들보다 부진했는데, 핀란드어 교과서에 한글로 주석을 달아 놓은 것을 보았다. 알고 보니 선생님이 한국어를 하는 지인을 수소문해서 도움을 준 것이었다"고 말했다. 핀란드에서 한국어에 능통한 사람을 찾는 것은 쉬운 일이 아니었을 것이다. 아이들에 대한 사랑과 교사로서 책임감이 분명하지 않다면 불가능한 일이다. 자신이 지도하고 가르친 학생들은 어느 정도의 학력 수준을 이루어 내야 한다는 분명한 책임감이 있다는 얘기다.

10여 년 전의 이야기다. 청주시 옥산면에 인가 대안학교인 양업고등학교가 개교했다. 대학교 다닐 때부터 함께 많은 시간을 보냈던 후배가 그 학교에 교사로 가게 되어서 양업고등학교 방과후교실에서 목공 과목을 가르치면서 3년간 자원봉사를 했다. 처음 학교를 방문했을 때의 기억이 아직도 머릿속에 남아 있다.

교장으로 개교를 주도하였던 신부님은 학교 내에서 만나는 아이들을 만날 때마다 일삼아 다가가 이름을 부르며 안아주었다. 그 모습을 보면서 '나도 저런 선생님과 함께 공부했으면 얼마나 행복했을까?' 하는 생각을 가져본 기억이 있다. 그 모습이 바로 선생님의 모습이라는 생각을 하게 된 계기였다. 모든 아이들을 사랑으로 대할 수 있는 자세야말로 교사가 되는 첫 번째 기준이라는 것을 그때 생각하게 되었다.

그런데 이러한 교사의 모습을 다시 핀란드에서 만나볼 수 있었다. 학생을 만나면 아이의 이름을 부르면서 아이들과 다정하게 얘기를 나누는 교장의 모습은 아주 익숙해 보였다. 아이들과 친구처럼 장난도 하고 놀이도 하는 교사들의 모습이었다.

그래도 **교육**을 **걱정**하는 핀란드 사람들

이것 말고도 나는 핀란드와 인접한 스웨덴, 노르웨이, 덴마크, 네덜란드 등을 돌아보며 이들 나라와 핀란드의 차이점에 대해 내 나름대로 느낀 점을 말해 보겠다.

우선 핀란드와 인접해 있는 나라들 중 노르웨이를 제외하고는 정치적, 경제적으로 세계를 지배해 보았던 나라들이다. 또한 그 나라들은 다른 나라에 의해 지배를 받은 식민지 기간이 거의 없다. 덴마크, 스웨덴의 경우 어느 나라가 어느 나라를 지배했다고 보기보다는 같은 민족끼리의 통일과 분열이라고 보는 것이 합당하다. 따라서 핀란드를 제외한 나라들은 보다 다양한 정치사상적 자유를 누렸다.

그런데 핀란드는 오랜 기간 스웨덴과 러시아의 식민시대를 겪었다. 그 나라들로부터 독립을 이루고, 또 독립 후 홍군과 백군의 내전을 겪어서 다른 북유럽 국가에 비해 좀 더 강한 국가주의적 느낌을 받은 것이 사실이다. 특히 1939년 겨울 소련이 핀란드를 침략하면서 시작된 겨울전쟁은 1944년 2차 세계대전까지 이어졌으며 이를 통해 핀란드 국민들은 엄청난 피해를 겪었다. 전쟁의 참상은 핀란드인들을 하나로 묶는 계기가 되었으며 이러한 경험은 국민의식은 다른 북유럽국가들과는 또 다른 국민의식을 만들어 내었다. 교육을 발전시켜나가는 중요한 목표가 민족 또는 국가일 수도 있었다는 얘기다. 따라서 다른 북유럽국가들 특히 덴마크나 스웨덴의 경우 자치적인 소규모 공동체의 민주주의 의식으로부터 국가 발전의 테제들을 만들어 나가고 이것들이 국가적으로 공유되고 발전해 왔다면 핀란드의 경우는 보다 획일적이고 경직된 의식구조를 보이기도 한다.

예를 들면 유치원 교육 과정을 보아도 스웨덴, 덴마크보다 획일적으로 1년을 늦게 교육에 편입시키는 것은 여러 다양한 가능성을 차단한다는 느낌을 주기도 한다. 그럼에도 그들은 자신들의 방식이 올바르다고 굳게 믿고 있다. 또한 학교의 자치권을 보장하는 내용도 이웃 북유럽국가들이 자치정부의 자치권 내용이기 때문에 완전한 자치권을 보장하지 못하는 것에 비해 핀란드는 국가적 공감대 형성을 통해 학교의 자치권이 보장되었다는 점은 핀란드만이 가지고 있는 특징이라고 할 수 있다.

한국전쟁을 경험한 우리나라에서는 공산주의사상이나 공산당이 불온사상이고 불법단체라고 많은 국민들이 생각하지만 이웃나라 일본은 공산당이나 사회당이 수십 년 동안 합법정당으로 국민들의 지지와 심판을 받아왔으며 심지어는 사회당의 당수가 총리로 임명

되어 나라를 이끌었던 적도 있다.

그렇다고 동북아시아와 일본의 전체주의적 사회 문화와 북유럽 사회의 다양성을 단순 비교한다면 하늘과 땅의 차이가 나지만 어쨌든 북유럽 사회에서 내가 느꼈던 차이였다. 이는 내가 핀란드를 더욱더 가깝게 느끼면서 우리사회의 대안으로 고민하게 된 계기이기도 하다.

동전의 양면, 핀란데이션

핀란드는 역사적으로 시련과 고통을 많이 겪은 나라이다. 그러다 보니 역사적으로나 국민들의 마음 속에 자신들보다 힘센 나라들에 대한 두려움이 존재하는 것이 사실이다. 러시아 사람들이 핀란드를 저속하게 표현하는 말 중에 하나가 '핀란데이션'이다. '핀란드인처럼'이라는 뜻이지만 이 속에는 여러 가지 역사적 슬픔과 아픔이 담겨져 있다.

핀란드가 1917년 러시아로부터 독립을 한 이후에도 러시아(당시 소련)는 두 차례에 걸쳐 이른바 '겨울전쟁'을 일으켰다. 똘똘 뭉쳐 결사항전해서 많은 전투에서 승리했지만 비교가 되지 않는 군사력에 대항할 수 없었기에 결국 동부 땅을 소련에 내주면서 전쟁을 끝냈다. 이후 2차 세계대전에서는 독일편에 가담했다가 패전했다. 이러한 일련의 과정을 겪으면서 바로 이웃하는 초강대국 소련과 평화를 이루어 내는 방법으로, 여러 가지 국정과 관련된 것들을 소련에 통보

하고 상의하는 관례를 만들었다.

핀란드 새 대통령과 수상은 으레 처음 순방지로 소련을 방문하여 소련 공산당 서기장에게 인사를 하는 것이 관례다. 소련을 비롯한 주변나라들이 보기에 핀란드는 배알도 없고 자존감도 없는 나라로 인식하였을 것이다. 그래서 만들어진 말이 바로 '핀란데이션'이다. 지금도 네덜란드 사람들을 조롱하는 말로 '더치페이'나 '더치'라는 말을 쓰듯이 러시아를 비롯한 주변 나라들이 핀란드인들과 핀란드를 조롱하는 말로 핀란데이션이라는 말을 쓴다.

그럼에도 불구하고 대부분의 핀란드인들은 이런 말에 크게 신경 쓰지 않고 있다. 그들은 남들이 무어라 얘기를 하든 국가의 이익을 보장받을 수 있다면 그것이 최상이라고 생각하는 것이다.

이러한 사고방식은 교육제도에서도 그대로 드러나는 것이 핀란드 교육제도의 대부분은 스웨덴을 모방한 것이다. 거기에 더해 핀란드의 특성을 구현하기는 했지만 그 토대의 대부분은 스웨덴에서 배웠다.

우리나라가 35년 일본의 강점을 당하고 해방 뒤 일본을 보면서 대항하고 일본에 대한 역사적 감정을 숨기지 않는 것이나 프랑스가 2차 대전 이후 독일에 대한 분명한 반감을 갖는 것과는 사뭇 다른 것이 핀란드인과 핀란드 정치지도자들의 모습이다.

이것에 대해 왈가왈부하지는 않겠다. 나 또한 일본을 보면 괜한 반감을 갖는 사람 중의 한 사람이기 때문이다. 그런데 정말 이성적으로 고민할 여러 가지 일들은 있다고 생각한다.

예를 들면 한반도의 분단과 남북관계를 본다면 핀란드인과 핀란드 정치 지도자들은 어떠한 생각을 할까? 러시아와 관계를 그렇게 유화적으로 풀어나가는 핀란드인들이라면 당연히 같은 민족인 남북관계는 훨씬 더 유화적이고 대화하고 협력해 나가는 모습을 보일 것이 분명하다. 그런데 거기서도 그들은 국익을 분명히 계산하고 정책을 결정할 것이다. 핀란드와 마주하고 있는 스웨덴 역시 그야말로 실리와 국익을 국정의 최우선으로 생각하는 나라라는 것은 역사를 통해서도 잘 알려진 사실이다. 아마도 북유럽의 모진 풍파와 한설이 이들을 세계에서 가장 실리를 밝히는 국민으로 만들었다고 생각한다.

한국과 너무나 다른
'공짜의 개념'

핀란드를 처음 방문하였을 때 교육청 관계자들과 만나 여러 가지 대화를 나눈 기억이 또렷이 떠오른다. 핀란드 교육과정의 특징 중 하나는 9년 의무교육 제도를 가지고, 아이들을 이러한 교육과정 속에서 제대로 교육을 하고 있다는 이야기였다.

그런데 우리나라도 9년 의무교육 제도를 가지고 있는 나라가 아닌가? 나는 그때까지 국가가 교육비를 면제해 주어서 교육비를 내지 않고 학교를 다니는 것이 의무교육의 전부라고 이해하고 있었다. 그런데 핀란드 교육청 공무원의 이야기를 들으며 의무교육이라는 것은 국가가 국민의 교육을 어느 정도까지 그러니까 9년의 교육을 이수한 정도의 수준은 반드시 이루어 주어야 하는 것이 의무교육이라는 것을 알게 된 것이다.

적어도 핀란드를 비롯한 북유럽나라들에서 이야기하는 의무교육은 그 나라들 교육기관이 정한 어느 정도의 학력수준에 반드시 도달시키는 것을 의미한다. 아마도 그 수준이라는 것은 구성원이 사회에 나가 생활을 영위해 나가는데 기본적으로 필요한 수준을 의미하는 것이리라. 그러니 그들에게는 그러한 수준을 미치지 못하는 학생들을 위해 10학년 제도가 있는 것이다. 그리고 그러한 교육수준을 이루어 내는 것은 국가의 의무이기 때문에 교육의 대상이 누가 되었건 간에 국가는 반드시 그 목적을 이루어 나가고자 노력하고 있다고 교육청 관계자는 목청을 높여 설명했다.

그러다 보니 핀란드를 비롯한 북유럽 나라들은 사회생활을 하는 중간에 자기의 진로를 언제든지 바꾸는 것에 대해 아무런 주저함이나 머뭇거림이 없다. 그것은 바로 사회적으로 보장되어 있는 평생교육제도로부터 비롯되어진다. 앞에서도 이야기 하였듯이 핀란드의 모든 교육은 무상으로 이루어진다. 그리고 입학연령의 제한이나 공부를 하고자 하는데 제약을 두지 않는다.

그래서 그런지는 몰라도 핀란드의 경우 고등학교를 졸업하고 바로 대학에 들어가는 비율이 우리나라에 비해 그다지 높지 않지만 대학교육을 받는 비율은 우리와 비슷할 정도로 유럽의 다른 나라에 비해 높은 편이다. 고등학교를 졸업한 많은 학생들이 바로 대학에 입학하는 것이 아니라 사회생활을 하다가 자기가 대학공부를 하고 싶을 때 대학에 입학해서 공부한다.

또한 직업과 관련된 다양한 직업교육은 평생교육시설을 통해 이루어지고 있기 때문에 핀란드 국민들은 평생교육시설을 통해 자기

의 직업이나 진로가 적성에 맞지 않다고 느낄 때 바로바로 진로를 바꿀 수 있다. 그리고 중간에 직업훈련을 하기 위해 일하지 않는 기간에는 최소한의 생활을 영위할 수 있는 복지제도가 마련되어 있다. 결국 국가는 국민들의 자기계발을 하기위한 노력을 유치원부터 일을 하지 않을 때까지 끊임없이 지원하기 위한 노력을 하고 있다는 것이다.

이 문제는 결국은 사람을 사회적으로 어떻게 바라보는가의 문제라고 생각한다. 개인이 모여서 사회를 이루고 국가를 이룬다면 모든 개개인은 그 사회의 주인이고 중심이다. 그만큼 소중한 사회적 자산이다. 그렇다면 그렇게 소중한 자산을 얼마나 더 훌륭한 자산으로 만들 것인가에 대한 계획은 당연히 그 사회와 국가가 만들어 나가야 할 과제라는 생각이다.

마지막으로 핀란드 교육에 대해서 이야기했지만 여행사를 하는 사람으로서 단지 내가 보고 듣고 느낀 점을 내 나름의 생각을 가지고 썼다는 것을 다시 한 번 밝히는 바이다. 이 글이 학술적이나, 교육학적으로 많이 부족한 부분이 있다는 것은 글을 쓰는 내내 고민하고 생각했던 부분이다. 그럼에도 이러한 글을 사람들에게 내놓게 된 것은 핀란드 교육을 직접 보고 느꼈던 것을 있는 그대로 전달해 봄으로써 우리교육을 새롭게 변화시키고 발전시키고자 하는 많은 사람들의 고민에 작은 보탬이 되고자 하는 마음에서다.

북유럽교육의 여러 장점들을 우리교육에 접목시킨다면 우리교육 발전에 조금은 도움이 될 것이라는 기대를 가지고 있다. 핀란드뿐 아니라 스웨덴, 덴마크, 네덜란드 등의 교육에 대해서도 소개하고자 하는 바람을 가져본다.

맺는 말 – 핀란드 교육의 해결 과제들

핀란드를 여러 번 다녀오면서 느꼈었고 그것을 보면서 한국도 바뀌었으면 하는 내용들을 두서없이 정리를 해 보았다. 핀란드에 대해서 보고 느낀 것을 정리하다 보니 마치 핀란드의 모습은 모든 것이 이상적이고 꿈의 나라처럼 느껴질 수도 있겠다는 우려도 있다.

핀란드를 처음 갔을 때 나는 처음으로 바다가 얼어있는 모습을 보았다. 얼어있는 바다를 쇄빙선이 깨뜨리고 나가면 배가 따라가고, 다시 얇은 살얼음이 어는 그 모습을 보면서 이 사람들이 어떠한 환경에서 살고 있는지 느낄 수가 있었다.

그리고 현재도 많은 핀란드의 국민들과 교육관계자들은 역설적이게도 핀란드의 교육을 걱정하고 있다. 2009년 PISA평가 이후 핀란드는 PISA평가에서 이전의 성적을 유지하지는 못하고 있는 상황이다. 그러다 보니 많은 사람들은 핀란드의 공교육이 무너지고 있다고 우려한다. 공교육만 가지고 과연 세계의 학생들과 경쟁에서 이길 수 있는가 염려하는 목소리도 여기저기에서 들리고 있다.

2016년 5월14일자 헬싱키 이코노미스트에는 '무너지는 핀란드 교육'이라는 제목의 기사가 실렸는데, 그 내용 중 일부를 인용하자면 과거에 교육부에서 일을 한 파시 사흘베르그는 세계 교육개혁 운동으로부터 핀란드는 뒤처지고 있다고 걱정스러워했다. 이 운동은 소위 '세균'이라고 불리기도 하는데, 학교 간의 경쟁이나 평준화시험, 학생성적책임, 그리고 기본적 지식 함양을 요청하는 사람들을 반대론자들이 경멸스럽게 부르는 용어이다. 교육개혁은 미국의 수많은 자율형 공립학교, 잉글랜드 교육부로부터 든든한 지지를 받고 있다. 핀란드 교육시스템은 스코틀랜드, 스웨덴에 적절히 심어졌고, 그리고 미국의 공립학교를 대변하는 사람들에게는 꿈의 모델이다. 그렇다고 핀란드의 교육이 이러한 세계 교육개혁 운동의 흐름을 따라갔던 것도 아니고 그 흐름과 반대의 길을 가면서 PISA에서 훌륭한 성적을 냈던 것이기 때문에 이러한 지적이 큰 목소리로 교육계에 다가가지는 않고 있는 것도 사실이다.

또한 아직도 많은 수의 교사와 교육관계자들은 PISA평가에 대해 크게 관심을 두지 않으며 그 성적이 잘나오던 조금 성적이 떨어지건 간에 자신들이 해오던 교육을 꾸준히 진행하고 있다.

핀란드 교육에서도 제기되는 가장 큰 문제는 부의 편중화현상과 빈부격차의 문제가 여러 가지 형태로 핀란드 교육에 영향을 미치고 있다는 사실이다. 핀란드 또한 세계 경제의 위기로부터 자유로울 수 없었다. 2000년 이후 약 10년간 1000여개의 초등학교가 문을 닫았다. 대부분은 시골의 작은 학교였다. 이러한 경향은 핀란드에서도 인구의 도시 집중화를 가져왔으며 그동안 핀란드 교육이 교육의 중요한 원칙으로 지켜왔던 평등교육의 기초에 작은 균열조짐을 보이고 있는 것이 사실이다.

세계가 전반적으로 양극화 현상을 가져오고 있는 상황은 핀란드 역시 예외는 아니었다. 북유럽은 그나마 아시아나 아메리카 또는 다른 유럽지역의 나라들에 비해 정도가 심하지는 않지만 핀란드 역시 소득의 양극화가 조금씩 증가하는 것으로 나타나고 있으며 이는 교육에도 어느 정도 영향을 끼치고 있음을 여러 보고서들을 통해 확인할 수가 있다.

일례로 이웃나라 스웨덴의 경우 '학생바우처제도' 라는 것이 있는데 이것은 전면적인 학교선택제를 통해 학생수에 맞추어 학생1인당 정해진 금액을 지방자치단체가 학교에 예산을 지원하는 제도이다. 이를 통해 스웨덴의 학교들은 불평등이 가속화되고 있다는 우려들을 하고 있다.

에르끼아호는 교육개혁보고서에서 학교생활에 대한 지나치게 높은 기대와 지나치게 확대된 고등교육도 핀란드 교육계가 풀어야 할 과제라고 이야기 하고 있다. 또한 늘어나는 소규모 지방자치단체들은 교육재정의 위협을 받고 있다. 그리고 교사가 점점 줄어들고 있다는 것도 교육의 위기로 작용하고 있다. 핀란드의 교사들은 매력적인 사회적응력을 가지고 있기 때문에 다른 직종으로의 유출이 많이 발생한다는 것이다.

다른 나라에 비해 넓은 교육 보장과 평생교육 제도에 의해 지나치게 늦은 졸업연령은 핀란드 노동력의 감소를 불러오고 있다. 또한 다른 나라보다 고등교육을 받은 사람 수가 많아서 노동위기를 악화시킬 수 있다고 우려하고 있다.

이것과 별개의 문제도 있다. 학교에 있을 때 핀란드의 어린 학생들은 놀랍게도 매우 침울해진다. 14~15세 학생들 가운데 절반은 선생님이 자신을 그다지 돌보지 않는다고 생각한다. 다른 OECD 국가들의 학생들보다 교실 환경이 학습에 적합하지 않다고 말한 핀란드 학생들의 수가 훨씬 많다. 핀란드의 아동 관련 행정감찰관인 투마스 쿠르틸라는 14~15세 여학생들의 20~25%가 학교 카운슬링을 받는다.

현재 대부분의 유럽나라들이 이민자 문제로 몸살을 앓고 있다. 핀란드도 예외일 수는 없다. 핀란드 전체 인구 중 이민자가 차지하는 비율이 6%정도다. 전체로 보면 적은 비율이기 때문에 큰 문제가 아니라고 생각할 수도 있는 수치다. 그런데 이민자가 헬싱키를 중심으로 한 수도권에 집중되어 있다. 헬싱키만 따로 떼어서 조사를 해 보면 그 수치는 크게 올라가서 헬싱키 전체 인구의 22~25% 정도를 차지하고 있다. 특히 헬싱키 동부지역에 이민자의 75%가 밀집되어 있는 것이 여러 가지 사회적인 불평등과 교육의 문제를 낳고 있다.

실제로 핀란드라는 사회가 이민자에게 여러 가지 혜택을 주며 호혜평등의 원칙을 지키기 위해 노력하고 있는 나라이기는 하지만 실제 그 지역에서 교육을 담당하고 있는 교육자들에게는 아주 골치 아픈 문제로 다가오고 있는 것이 현실이라고 이야기한다.

이글을 쓰면서 들었던 생각은 교육선진국이라고 이야기하는 핀란드 역시 교육문제가 끊임없이 제기되고 있으며 그 문제를 해결하기 위한 토론과 논의가 이루어지고 있다는 사실이다. 차이점이라고 하면 핀란드는 교육담당자가 중심이 되어 교육개혁을 주도해 나간다면 우리나라는 정치권이나 여론이 교육개혁을 이야기하고 앞서 나간다는 아쉬움이 있다. 어쨌든 우리가 알고 있는 핀란드 교육이 완전한 것이 아니라 참고의 영역이며 우리가 부족한 부분을 채워 나가는 데 참고가 될 수 있다는 것을 의미한다.

화보

핀란드 학교와 주요 유적지

노동절 축제중인 대학생들

노동절 축제를 즐기고 있는 대학생들의 모습이다. 이들의 복장은 노동자들의 작업복으로 전공마다 색깔이 다르다. 주황색과 녹색, 자주색 등의 색깔은 각기 다른 전공을 나타내지만 동일하게 작업복의 모습을 하고 있다. 이는 바로 대학생은 미래의 노동자임을 상징한다고 한다.

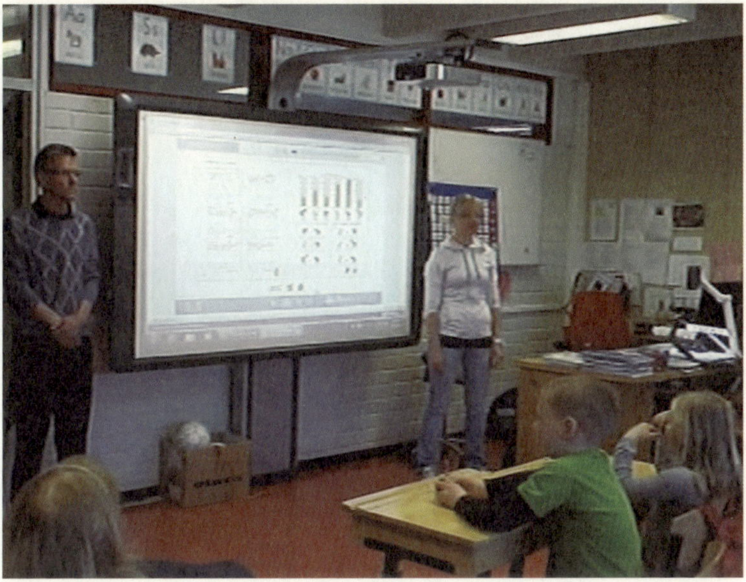

담임 선생님과 보조 선생님이 함께 수업을 시작하는 모습

핀란드 어느 학교 1학년 교실에 들어갔을 때의 모습이다. 수학시간이었는데 수업을 시작하기 전에 아이들과 인사를 하기 위해 담임선생님과 보조선생님이 함께 서 있는 모습이다. 오른쪽의 여자 선생님이 담임선생님이고 왼쪽의 남자 선생님이 보조선생님인데 이 사진에는 나와 있지 않지만 남자 선생님의 옆에는 수습중인 여자 선생님도 함께 수업을 진행하고 있었다.

다양한 형태의 교실과 수업 풍경

선생님이 수업하는 곳이 구석에 있고 책상은 선생님을 중심으로 양쪽으로 나누어져 있다.

이러한 책상 배열은 아마도 선생님과 학생들이 함께 정했거나 담임 선생님이 정하였을 것이다. 담임 선생님은 이러한 책상 배열이 아이들에게 수업을 효율적으로 할 수 있을 것이라는 판단을 하였을 것이다. 수업의 모든 권한은 선생님에게 있으니까.

학교 내부의 복도

학교 교실 앞 복도에는 사진에서처럼 아이들이 옷을 걸어 놓을 수 있는 옷걸이가 있고 아이들은 옷을 걸어놓은 모습이 이색적이다. 추운 나라이다 보니 보온을 할 수 있는 옷을 입고 와서는 학교 실내에서는 옷을 벗고 활동을 한다. 체육시간도 절반 정도는 실내체육관에서 수업을 하기 때문에 실내에서는 가벼운 차림으로 활동적으로 활동을 한다. 당연히 실내는 난방이 잘 되어 따뜻하다.

학교 현관과 내부 시설

어느 학교의 현관 모습이다. 가운데 솟아있는 기둥은 위에서 물이 흘러내리고 있다. 마치 호텔 현관의 인테리어 장식품의 모습이다. 아래 사진은 1, 2층이 뚫어져있는 학교 복도의 모습이다. 다양한 모습을 한 학교 건축물도 핀란드 아이들에게는 학습의 기자재라고 한다.

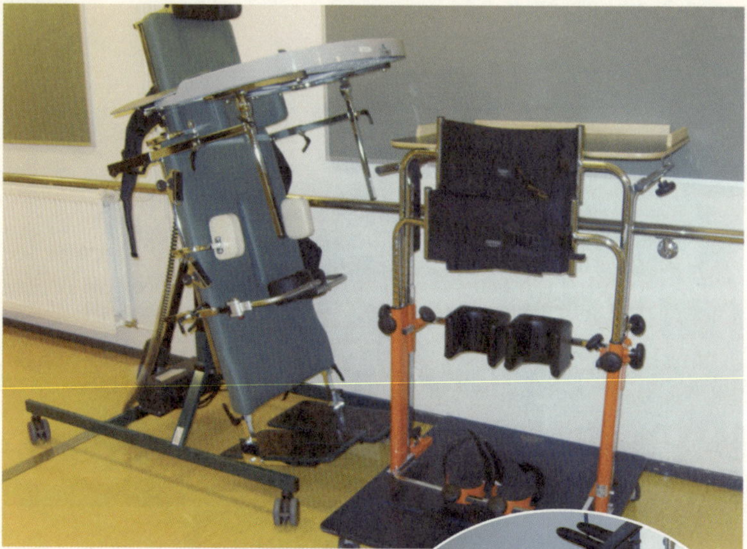
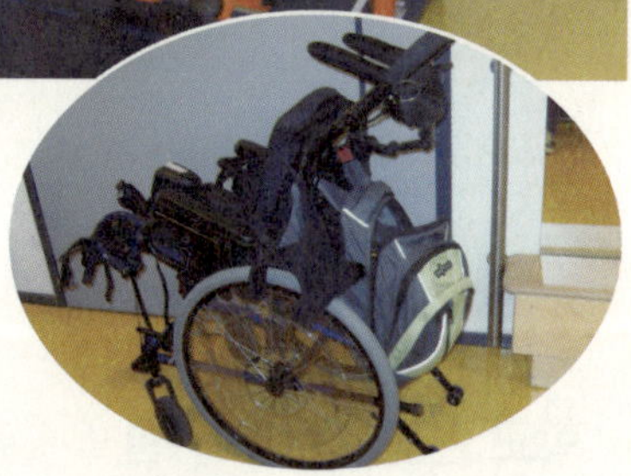

치료 특수학급 기자재들

핀란드의 특수교육 중 치료특수학급의 기자재들의 모습이다.

다른 교실에서의 촬영은 사전양해를 구하면 촬영이 허용되었으나 치료특수교실의 촬영은 허용이 되지 않는다.

밖에 있는 기자재들만 촬영할 수 있었다.

휴게실에서 쉬고 있는 여학생들

학교 식당과 식사

핀란드 학교의 식당 모습과 아이들이 식사를 하고 있는 모습이다. 점심식사도 교육의 일환이라고 핀란드의 선생님들은 이야기를 한다.

대부분의 학교 식당들은 쾌적해 보였으며 여러 가지 다양한 모습과 식탁과 의자의 모습도 개성있는 모습이었다.

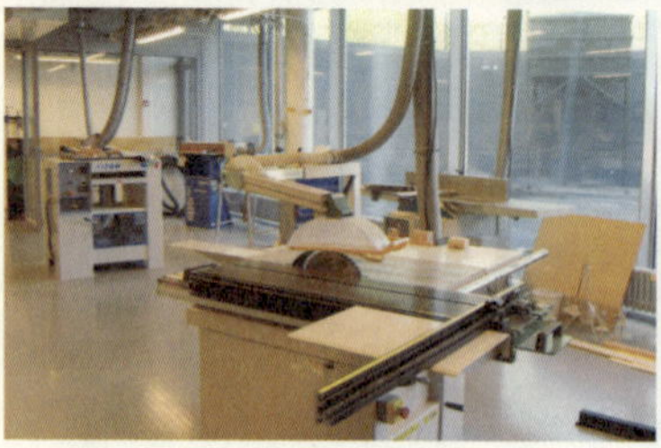

목공 실습실

핀란드의 모든 아이들은 학교에서 배우는 목공을 통해 통나무집을 스스로 지을 수 있는 능력을 각게 된다.

WESC

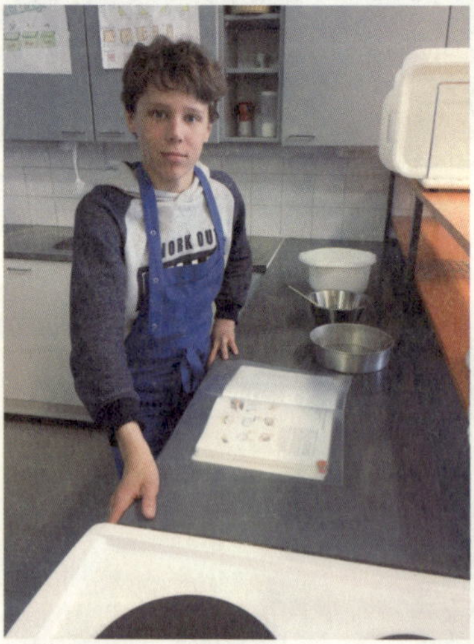

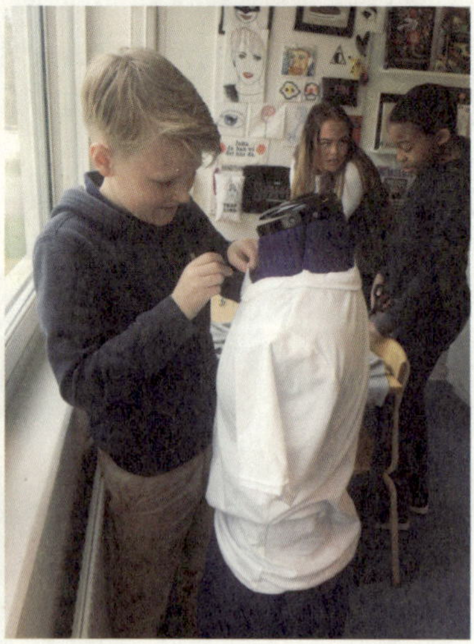

가사 실습

남학생이 재미있는 표정으로 옷을 재단하는 모습은 아이들의 재능을 찾는 과정일 것이다.

도서관

유치원

유치원 선생님이 아이들에게 책을 읽어주는 시간은 가장 중요한 수업 시간이다.

청소년 센터

아이들이 방과 후 친구들과 놀이를 하는 공간이다.

시벨리우스 공원

핀란드를 상징하는 음악가로 핀란드인들에게는 핀란디아라는 핀란드 교향곡을 작곡한 음악가 시벨리우스를 기념하기 위해 만든 공원이다.

시벨리우스의 교향곡 핀란디아는 러시아의 지배를 받던 핀란드인들에게 민족의식을 고취시킴으로서 독립에 대한 강한 열망을 불어넣었다고 알려져 있다.

공원에는 핀란드를 상징하는 조형물과 시벨리우스의 두상이 세워져 있다. 많은 사람들이 처음 조형물을 접하면서 드는 느낌은 시벨리우스가 음악가이기 때문에 파이프 오르간을 작품의 소재로 사용한 것이 아닌가 하는 생각을 갖는다.

그러나 조형물을 자세히 보면 조형물은 핀란드를 상징하는 자작나무와 소나무등 삼림을 상징하면서 또한 핀란드를 대표하는 호수를 표현하기도 한 것을 볼 수가 있다.

시벨리우스공원에 가게 된다면 당연히 핀란드 교향곡 〈핀란디아〉를 들어봐야 할 것이다.

발트해의 여신상

헬싱키 시청 앞에 서서 마켓광장을 바라보다 우측으로 시선을 돌리면 2시 방향에 무슨 동상인가 서 있고 주변의 상에서는 중앙의 동상을 향해 물을 뿜는 모습을 발견하게 된다.

무슨 동상인가 하고 가까이 다가가서 보면 아름다운 여인의 동상임을 알수 있고 주변의 물개상에서 이 여인을 향해 물을 뿜는 모습을 볼 수가 있다.

이 여인상이 바로 5월 1일 해마다 헬싱키에서 추첨으로 선발된 고등학생들이 목욕을 시켜주는 발트해의 여신이다.

정말로 핀란드의 아름다운 여인을 닮은 모습이다. 스웨덴이나 노르웨이의 북게르만족의 거대한 여인의 모습이 아니다. 유럽인이면서도 동양적 아름다움을 간직한 핀란드 여인의 모습을 그대로 담고 있다. 바다의 여러 동물들의 추앙을 받으며 그 아름다운 자태를 뽐내고 있다.

한겨울 눈보라가 칠때도 얼음을 품은 채로 봄이 오는 길목 미래의 주인공 청소년들이 목욕을 시켜줄 때도 그 자태를 뽐내고 있다. 한여름 핀란드인들이 휴가를 떠나 헬싱키 시내를 비웠을 때에도 다시 북구의 어두운 겨울이 와도 늘 그 자리에서 자태를 뽐내고 있다.

ALEXANDER II
1863

원로원 광장과 대성당

헬싱키를 대표하는 랜드마크로 헬싱키를 이야기할 때 빠지지 않는 것이 원로원 광장과 원로원 광장을 위에서 내려다 보고 있는 대성당이다.

대성당은 1830년에 착공하여 1852년에 완공됐으며, 예전에는 성 니콜라스교회, 또는 단순히 '큰교회' 라고 불렀다. 현재는 루터교 교회로 사용되고 있으며 종교 행사는 물론 각종 전시회와 음악회를 진행하는 문화 공간이기도 하다.

대성당에서 바라보았을 때 원로원 광장을 바라보며 왼편에는 정부 공관이 있고 오른편에는 헬싱키 대학의 도서관이 배치되어 있다. 그리고 원로원 광장 너머에는 마켓광장을 비롯하여 일반인들의 생활이 이루어지는 시장을 이루고 있다. 종교 시설과 행정 교육 시장이 함께 배치되는 전형적인 중세 유럽 도시의 모습을 재현해 냈다고 이야기할 수 있다.

원로원 광장은 국가의 중요한 문제가 대두되었을 때 국민들이 의사를 표현하는 장소로도 사용되어 왔으며 현재도 원로원 광장에서는 여러 가지 주요 행사들이 열리고 있으며 핀란드인들에게 원로원 광장은 민주주의를 발전시켜온 현장이기도 하다.

또한 정부공관의 계단에는 핀란드의 독립을 염원하며 러시아총독을 저격하려던 핀란드 청년을 기리는 청년의 발자국과 상징물이 남아있다고도 한다. 핀란드의 안중근의사인 셈이다.

핀란드인들의 여름별장

핀란드인들이 여름을 보내는 여름별장의 모습이다. 우리는 흔히 별장이라고 하면 호화로운 모습의 저택을 떠올리게 되지만 북유럽 핀란드인들이 여름을 보내는 여름별장은 통나무로 만든 오두막에 가깝다. 전기시설도 되어있지 않을 뿐 아니라 물은 호수물을 그대로 식수로 사용하고 화장실은 우리나라의 예전 화장실의 모습이다. 그래도 핀란드인들은 이러한 여름별장을 좋아하며 가족들과 함께 여름 한달을 통나무 오두막집에서 보낸다.

핀란드의 오두막 여름별장에 반드시 있어야 하는 시설은 핀란드 사우나이다. 가족이 함께 사우나를 하다가 오두막옆 호수물에 뛰어 들어간다.

오두막 생활은 가족들이 함께 음식을 만들어 먹으며 책을 보거나 숲을 산책하고 숲의 자연을 관찰하는 등 유유자적한 생활이다. 핀란드의 여름은 밤이 거의 없지만 어두워지면 촛불을 켜서 불을 밝힌다.

어찌보면 대수롭지 않게 보이는 이러한 오두막 여름별장생활이 내게는 핀란드 창의성 개발의 기초라는 생각을 하게 되었다. 어른들은 제대로된 힐링과 휴식을 통해 새로운 에너지를 충전하고 아이들은 이러한 생활을 통해 자연과 호흡하고 자연을 이해하며 자연에 대한 이해를 통해 무한한 창조의 에너지를 습득해 나갈 수 있었다.

수오멘리나 요새

헬싱키 시청사 앞 마켓광장을 건너가면 크지 않은 항구가 나타나는데 이 항구에서 여객선들이 사람들을 태우고 발트해로 나가는 모습을 볼 수 있다.

이 항구를 통해 많은 사람들이 가는 곳이 바로 수오멘리나 요새이다. 핀란드인을 수오미라고 이야기하기 때문에 이 말을 그대로 이해하면 핀란드인의 섬이라는 뜻이 된다.

1748년 스웨덴 점령하에서 러시아의 침공에 대비해 건축된 해상 요새로 1808년 러시아-스웨덴 전쟁에서 러시아군은 해상 요새인 수오멘리나 요새를 점령하여 스웨덴으로부터 요새를 양도받았다. 그런데 아이러니 하게도 이 요새를 만드는 과정에서는 많은 사람들이 목숨을 잃었지만 전쟁 과정에서는 대포 한 방 쏘지 않고 이 요새를 러시아에 양도했다고 한다.

또한 이 섬에 가면 2차세계대전 때 사용한 것으로 보이는 독일군의 잠수정이 해안가에 전시되어 있었다.

2차세계대전 때 독일이 핀란드를 지원하기 위해 파견했던 잠수정으로 보이는데 이는 핀란드의 아픈 현대사를 이야기하는 유물이기도 하다.

현재 핀란드의 해군사령부와 해군사관학교가 위치해 있기도 하다.

마켓광장 앞 항구에서 출발하는 배를 타면 15분 정도 소요되며, 여름철 헬싱키 시민들이 가장 즐겨 찾는 공원으로 이용되고 있다.

아픈 역사의 상징, 우스펜스키 사원

마켓광장에서 헬싱키 시청사를 바라보면서 우측으로 걸어가면 대통령궁이 나타나고 그 앞을 바라보면 언덕위에 러시아 정교회의 상징인 양파위에 십자가가 서 있는 교회의 모습이 우뚝 서서 지나는 이들을 바라보고 있다.

이 건물은 바로 우스펜스키사원이라는 이름으로 불리는 러시아정교회 건물이다. 핀란드가 스웨덴의 지배에서 러시아의 지배로 넘어갔던 아픈 역사를 상징하는 건물이다. 아직도 핀란드에는 러시아정교회 신자가 5% 남짓 있다고 하니 아픈 역사의 실타래는 오래도 남아 있구나 하는 생각을 가져본다.

템뻴라아우키오 끼르꼬

흔히 암석교회로 알려진 헬싱키를 찾는 이들이 가장 많이 찾는 곳 중 한 곳이다.

1960년대 건축공모전을 통해 당선된 건축가 티모와 투오모 수오말라이넨형제가 건축한 교회이다. 이곳은 주택가 한가운데에 위치해 있으며 암반을 깨어내서 만들어진 공간에 지붕을 씌어 만든 독특한 형태의 교회 건축물이다.

천정은 구리선을 감아서 음향효과를 극대화 하였다고 하며 깨낸 돌들을 다시 사용하여 벽을 만들었다. 그리고 천정의 반은 유리를 사용하여 자연채광을 할 수 있도록 하였다. 2017년부터 성인 1인당 3유로의 입장료를 받기 시작하였으며 자원봉사자들로 파이프오르간 연주를 해주는 모습을 볼 수 있었다.

교회 정문옆 작은 십자가의 모습이 우리나라의 교회와는 다른 이색적인 모습을 느끼게 해준다.

눅시오 국립공원

핀란드를 대표하는 자연은 누가 뭐라고 해도 나무와 숲이다. 헬싱키인근에서 볼 수 있는 울창한 숲이 바로 눅시오 국립공원이다. 핀란드를 대표하는 나무와 숲으로 이루어진 눅시오 국립공원은 헬싱키 인근에 가볼 수 있는 핀란드의 대표적인 국립공원이다. 숲과 호수로 이루어진 국립공원엔 핀란드를 대표하는 자작나무와 삼나무류(가문비나무 종류) 그리고 소나무가 주종을 이루는 숲과 호수로 이루어져 있다. 그리고 공원에는 몇 종류의 트레킹코스가 있어서 자기의 체력과 취향에 맞추어 트레킹을 즐길 수도 있다. 국립공원 안의 재난대피소에서는 불을 피울 수 있는 공간이 있어서 나들이객들은 이러한 대피소에서 간단한 바비큐를 즐기기도 한다.

국립공원 트레킹 코스 가기 2~3㎞ 전에는 지상 2층 건물의 공원 전시장이 마련되어 있어서 이 공원에 대한 안내와 공원의 생태를 설명하고 있다.

마켓 광장

헬싱키 시청앞 광장엔 관광객들이 즐겨 찾는 장소로 마켓광장이라 불리 우는데 5월초부터 재래시장이 형성되어 10월초까지 운영이 된다. 핀란드 전통공예품과 간단한 먹을거리 과일 등을 팔고 있어서 핀란드의 전통문화를 느낄 수 있는 곳이기도 하다.

그런데 핀란드의 전통 과일은 7월말 8월초가 되어야 수확이 가능하기 때문에 그 이전에 이곳에서 파는 과일들은 대부분 수입한 과일이다. 그리고 관광객들이 많이 몰리게 되면서 이곳의 상품 가격은 핀란드 일반 슈퍼의 가격보다 조금 더 비싼 편이다.

그렇지만 재래시장의 향수를 느끼고 핀란드 전통문화를 느끼고 싶어하는 관광객들이 지금도 마켓광장을 찾고 있다.

하늘에서 본 핀란드

노는 것부터 가르치는 이상한 나라

2017년 10월 20일 처음 펴냄

지은이 윤성희
펴낸이 유정환
펴낸곳 도서출판 고두미
등록 2001년 5월 22일(제2001-000011호)
충북 청주시 상당구 꽃산서로8번길 90
Tel. 043-257-2224 / Fax. 070-7016-0823
E-mail. godumi@naver.com

ISBN 979-11-86060-33-9 03370

이 도서의 국립중앙도서관 출판시도서목록(CIP)은 서지정보유통지원시스템 홈페이지(http://seoji.nl.go.kr)와 국가자료공동목록시스템(http://www.nl.go.kr/kolisnet)에서 이용하실 수 있습니다.(CIP제어번호: CIP2017025817)

값 15,000원